Zukunftsschau für Anfänger

Versuche, Anleitungen, Beispiele und Modelle

Kontakt: www.HarryEilenstein.de / Harry.Eilenstein@web.de

Impressum: Copyright: 2011 by Harry Eilenstein – Alle Rechte, insbesondere auch das der Übersetzung, vorbehalten. Kein Teil des Buches darf ohne schriftliche Genehmigung des Autors und des Verlages (nicht als Fotokopie, Mikrofilm, auf elektronischen Datenträgern oder im Internet) reproduziert, übersetzt, gespeichert oder verbreitet werden.

Herstellung und Verlag: BoD- Books on Demand, Norderstedt

ISBN: 9783751932127

Inhaltsverzeichnis

I Das Wesen der Zeit

Es ist nicht unbedingt nötig, das Wesen der Zeit zu verstehen, um die Sehergabe zu entwickeln, aber es ist durchaus förderlich. Auch wenn man die Seher-Gabe bereits besitzt, wird man sich vermutlich früher oder später fragen, was die Zeit eigentlich ist.

Daher beginnt dieses Buch mit einer Betrachtung der Zeit aus verschiedenen Blickwinkeln.

I 1. Die Sicht der Naturwissenschaften auf die Zeit

Aus naturwissenschaftlicher Sicht ist die Zeit bis vor ca. 100 Jahren als eine gleichmäßig Bewegung angesehen worden, die an allen Orten kontinuierlich und gleich schnell von der Vergangenheit zur Zukunft verläuft. Dabei besteht der einzige Zugriff auf die Zeit in der Gegenwart – die Vergangenheit und die Zukunft sind unserem Zugriff entzogen.

Die Zeit war und ist in den Naturwissenschaften der zentrale Maßstab: Die Naturwissenschaften beschreiben die Veränderung von Systemen im Verlauf der Zeit. Die Regelmäßigkeiten dieser zeitlichen Veränderungen werden durch Naturgesetze beschrieben. Die Abläufe selber werden als „kausal" bezeichnet – womit den bekannten Regeln entsprechende Veränderungen im Verlauf der Zeit gemeint sind.

Es gibt nur wenige Ausnahmen von physikalischen Meßergebnissen, die keine zeitlichen Veränderungen beschreiben wie z.B. die Naturkonstanten und die Erhaltungssätze.

Seit den Entdeckungen von Einstein haben sich jedoch die Vorstellungen über die Zeit grundlegend verändert.

Vor Einstein war die Zeit wie ein gleichmäßig dahinströmender Fluß, wie eine gerade Linie, wie eine Konstante, die von allem anderen vollkommen unabhängig ist.

Seit Einstein ist klar, daß die Zeit fest mit dem Raum verbunden ist: so wie die drei Raumdimensionen (Länge, Breite, Höhe) fest miteinander verknüpft sind, ist auch die Zeit fest mit dem Raum verknüpft.

Solange man nur etwas Räumliches betrachtet, kann man die Entfernung von zwei Raum-Punkten immer als Länge angeben. Wenn jedoch die Zeit fest mit dem Raum verknüpft ist, muß die Entfernung zwischen zwei Raum/Zeit-Punkten auch das Element der Zeit enthalten. Die einfachste Verbindung von Raum und Zeit und zugleich die einzige konstante Verbindung der beiden ist die Geschwindigkeit: Sie ergibt sich aus dem in einer bestimmten Zeit zurückgelegten Weg. Somit ist der Abstand zwischen zwei Raum/Zeit-Punkten eine Geschwindigkeit.

Soweit klingt das ja alles noch ziemlich „normal" – und bei niedrigen Geschwindigkeiten bleibt auch alles ganz „normal". Das Ungewöhnliche an dieser Verbindung von Raum und Zeit ist der Umstand, daß die Zeit, die für jemanden vergeht, abhängig davon ist, wie schnell sich jemand bewegt. Wenn jemand auf der Erde bleibt und für ihn ein Jahr vergeht, vergeht für jemanden, der mit einer Rakete fliegt, die eine sehr hohe Geschwindigkeit hat, weniger Zeit: Wenn er zur Erde zurückkehrt, sind für ihn z.B. nur 11 und nicht 12 Monate vergangen.

Eigentlich kennt diesen Effekt ja jedermann: „Bewegung hält jung" …

Wenn man sich im Raum bewegt, hängt z.B. die Strecke, die man von einem Punkt aus nach Westen geht, davon ab, in welchem Winkel man losgeht: gerade nach Westen oder nach Südwesten oder nach Süd-Südwesten. Obwohl man immer dieselbe Geschwindigkeit hat, kommt man innerhalb einer bestimmten Zeitspanne verschieden weit nach Westen.

Einen ähnlichen Effekt gibt es in der Raumzeit: Je schneller man geht, desto weniger Zeit vergeht. Wenn man sich der Lichtgeschwindigkeit annähert, vergeht schließlich fast keine Zeit mehr. In dem Bild des Gehens nach Westen entspricht die Geschwindigkeit der Richtung: Man kommt man schließlich kaum noch voran, wenn man 1° nach Westen und 89° nach Süden geht. Auf die Raumzeit bezogen heißt das: Je mehr man sich der Lichtgeschwindigkeit annähert, desto mehr Energie muß man für die nächsten 100 Stundenkilometer aufwenden, die man zusätzlich noch schneller fliegen will.

Warum ist die Lichtgeschwindigkeit eine solche Grenze? Zunächst ist sie einmal eine Geschwindigkeit und die Geschwindigkeit ist das Maß der Dinge in der Raum-Zeit.

Dann kann man sagen, daß für das Licht offenbar keine Zeit vergeht – schließlich bewegt es sich mit Lichtgeschwindigkeit. Das Licht steht somit außerhalb der Zeit – was für eine Betrachtung der Möglichkeit, die Zukunft zu sehen, eine ausgesprochen wichtige Feststellung ist. Wäre man Licht, könnte man die gesamte Zeit sehen. Das Licht schaut sozusagen von außen oder von oben auf die Raumzeit.

Einstein hat noch etwas Merkwürdiges festgestellt. Seine berühmte Formel „$E=mc^2$" sagt, daß Masse aus Energie besteht. Daraufhin hat man u.a. Atombomben konstruieren können, die eben Masse in Energie verwandeln – diese Formel ist also ausgesprochen real.

Wenn man sich diese Formel genauer anschaut, zeigt sich, daß das „c^2" die Umwandlungsformel zwischen der Masse und der Energie ist. Es gibt einen grundlegenden Unterschied zwischen Masse und Energie: Masse kann man anfassen, sie hat eine Grenze und es kann immer nur eine Masse an einem bestimmten Ort sein

– Energie kann man hingegen nicht anfassen, sie hat keine Grenze und mehrere Energien (z.B. Lichtstrahlen) können gleichzeitig an einem Ort sein, ohne sich gegenseitig zu behindern.

Das läßt vermuten, daß das „c^2" etwas mit der „Festigkeit" der Materie zu tun hat. Die Formel „$E=mc^2$" besagt, daß die Energie um „c^2" schrumpft, wenn sie zu Materie wird. Dieses „c^2" ist also der Verwandlungsfaktor, der aus Energie Materie macht. Da das „c" die Lichtgeschwindigkeit ist, bedeutet das, daß sich Energie zweimal mit der Geschwindigkeit „c" bewegt – was die Materie nicht mehr tut. Es liegt also nahe, sich vorzustellen, daß diese beiden Geschwindigkeit der Energie, die bei der Verwandlung in Materie verlorengehen, zu winzigen Kreisbahnen der Energie im Inneren der Materieteilchen werden.

Materie, also Teilchen mit Masse, sind Energiekügelchen, in denen sich die Energie nicht mehr mit Lichtgeschwindigkeit ausdehnt, sondern sich mit Lichtgeschwindigkeit („c^2") auf einer Kreisbahn oder auf einer Kugeloberfläche bewegt.

In der heutigen Physik werden Energiequanten und Materieteilchen als Krümmungen der Raumzeit beschrieben. Ein Energiequant ist also eine Eigenschaft der Raumzeit. Die Raumzeit ist somit die eigentliche Essenz unserer Welt. Wenn man nun den Raum als Momentaufnahme der Raumzeit auffaßt, ist letztlich die Zeit die Substanz unserer Welt. Die Zeit ist also mehr als das, was sie zunächst zu sein scheint.

Alle Substanz besteht aus Atomen – alle Atome bestehen aus Elementarteilchen – alle Elementarteilchen bestehen aus Energiequanten – alle Energiequanten sind Krümmungen der Raumzeit – der Raum ist eine Momentaufnahme der Raumzeit – also muß die Zeit ein Aspekt der Einheit sein, die allem Existierenden zugrunde liegt … und die selber „zeitlos" ist, da sie ja die Vergangenheit, die Gegenwart und die Zukunft umfaßt.

Es ist offenbar diese Einheit, in die man gelangen muß, um die Zukunft sehen zu können.

In dem vorletzten Abschnitt sind die Materieteilchen als Energie beschrieben worden, die sich auf einer Kreisbahn oder auf einer winzigen Kugeloberfläche bewegt – und dadurch ihre „Festigkeit" erlangt. Diese Energie erlangt diese Intensität und nach außen hin ihre „Festigkeit", da sie sozusagen zu einem Laserstrahl wird, der sich auf einer winzigen Kreisbahn bewegt.

Diese winzigen Kreisbahnen erscheinen auch in der Superstringtheorie, die die heute allgemein übliche physikalische Theorie ist, mit der die Welt beschrieben wird. Diese Superstringtheorie ist ein elfdimensionales mathematisches Modell, das aus der Zeitdimension, aus den drei „normalen" ausgedehnten Raumdimensionen sowie aus sieben winzigen und deshalb im Alltag unsichtbaren Raumdimensionen besteht – eben die Kreisbahnen der Energie in den Materieteilchen.

Diese Betrachtungen werden noch spannender, wenn man sich Schwarze Löcher anschaut. Diese Schwarzen Löcher entstehen in den Zentren von Galaxien, wenn dort ein Stern so groß geworden ist, daß seine Masse eine derart gewaltige Gravitation entwickelt, daß nicht einmal mehr das Licht von ihm fortfliegen kann. Da kein Licht der gewaltigen Gravitation eines solchen Sternes entkommen kann, ist ein solcher Stern „schwarz" – er strahlt kein Licht aus. Zudem wird er zu seinem „Loch" – er verschluckt alles, was in seine Nähe kommt und läßt es nicht wieder fort. Es gibt eine Distanz von dem Stern, ab der alles ohne jede Möglichkeit zu entkommen, in das Schwarze Loch hineinfällt. Dieser Abstand ist nach allen Seiten hin gleich und hat folglich die Form einer Kugeloberfläche mit dem riesigen Stern in seinem Zentrum: der sogenannte Schwarzschild-Radius. Die Gravitation dieses Sterns ist so groß, daß er die gesamte Masse des Sterns auf einen einzigen Punkt zusammenzieht.

Die Bildung eines Schwarzen Loches wiederholt im Großen das, was bei der Bildung eines Materieteilchens aus Energie im Kleinen geschieht:

1. Die Abkapselung
- Energie kapselt sich zu Materie ab,
- Materie kapselt sich zu einem Schwarzen Loch ab.

2. Das „c^2"
- Bei der Verwandlung von Energie zu Materie gehen ein „c^2" verloren;
- bei der Verwandlung von Materie zu einem Schwarzen Loch geht ein „c^2" verloren.

=> Bei der Verwandlung von Energie in ein Schwarzes Loch geht ein „$c^2 \cdot c^2$", also ein „c^4" verloren. Dieses „c^4" ist das zentrale Element bei der Beschreibung von Schwarzen Löchern.

3. Die Geschwindigkeit
- Energie bewegt sich frei mit „c" im Raum.
- Materie bewegt sich mit einer Geschwindigkeit, die kleiner als „c" ist, im Raum.
- In einem Schwarzen Loch fällt die gesamte Materie und Energie auf einen Punkt zusammen – folglich gibt es keine Bewegung und auch keine Geschwindigkeit mehr.

4. Die Kreisbahn
- Energie bewegt sich in einem Materieteilchen mit „c" auf einer Kreisbahn.
- Masse bewegt sich zunächst auf Kreisbahnen um das Zentrum eines Schwarzen Lochs bevor sie in dieses punktförmige Zentrum hineinfällt.

5. Die Zeit

- Energie bewegt sich mit „c", d.h. sie ist zeitlos.

- Masse bewegt sich in der Zeit mit Geschwindigkeiten, die kleiner als „c" sind.

- Ein Schwarzes Loch hat eine derartig große Gravitation, daß es die Raumzeit um sich herum vollkommen abkapselt – so wie dies in ähnlicher Weise bei der Bildung eines Masseteilchens aus Energie geschieht. Das bedeutet, daß es innerhalb eines Schwarzen Loches auch die Zeit, wie wir sie kennen, nicht mehr gibt.

Die Bildung von Masse aus Energie ist eine Abkapselung, bei der die Energie einen Freiheitsgrad verliert – die freie Bewegung mit „c". Dafür erhält sie eine Festigkeit, die Energie nicht hat. Zudem verliert die Energie ihre Zeitlosigkeit – sie wird also fest und ein sich langsam in der Zeit bewegendes Teilchen.

Auch die Bildung eines Schwarzen Loches aus Masse ist eine Abkapselung, bei der die Masse einen Freiheitsgrad verliert – die freie Bewegung mit einer Geschwindigkeit, die kleiner als „c" ist. Dafür erhält sie eine Punktförmigkeit, die die Masse nicht hat. Zudem verliert die Masse ihre Bewegung in der Zeit – sie wird also punktförmig, ein außerhalb der Zeit ruhender Punkt.

Man kann sich auch fragen, was die Zeit vor dem Urknall gewesen ist. Am Anfang war unser Universum ein Punkt, eine „Singularität". Gibt es in einem Punkt Zeit, wie wir sie aus dem Alltag kennen? Das ist zumindestens sehr zweifelhaft. Zumindestens läßt sich sagen, daß die Zeit, wie wir sie aus dem Alltag kennen, erst mit dem Urknall begonnen hat.

- - -

Aus diesen Betrachtungen ergibt sich, daß die Zeit nicht das ist, wofür man sie normalerweise hält:

1. Die Zeit ist Teil der Raumzeit. Raum und Zeit sind fest miteinander verbunden.

2. Für Energiequanten wie z.B. das Licht gibt es keine Zeit, wie wir sie aus dem Alltag kennen. Sie sind zeitlos.

3. Auch für ein Schwarzes Loch gibt es die „normale Zeit" nicht mehr, da es die Raumzeit um sich herum abgekapselt und sich von ihr isoliert hat.

4. Die Zeit ist ein Aspekt einer Einheit, aus der heraus die gesamte Welt entstanden ist: Zeit → Raumzeit → Raumkrümmungen = Energiequanten → Elementarteilchen → Atome → Welt …

5. Die „normale Zeit" gibt es nur für die Materie (Masse), aber nicht für die Energie und auch nicht für die Schwarzen Löcher.

6. Die „normale Zeit" entsteht erst, wenn man die Zeitlosigkeit des Lichtes aufgibt und zu Masse wird. Diese „normale Zeit" verliert man, wenn man in ein Schwarzes Loch gerät.

Aus der Sicht des Lichtes gibt es nur die Ewigkeit – die „normale Zeit" gibt es nur aus der Sicht der Materie. Um die Zukunft sehen zu können, muß man offenbar „Licht werden" und zu der Einheit gelangen, die der gesamten Welt zugrundeliegt. Dafür muß man wiederum die Abkapselung aufgeben, durch die Energie zu Materie wird.

Diese drei Punkte sind ein erster Hinweis darauf, was man tun muß, um die Zukunft wahrnehmen zu können:

- zu „Licht" werden (was immer das dann auch konkret bedeuten mag – vermutlich ein „im Bereich des Bewußtseins aktiv werden"),

- zu der Einheit gelangen (fast alle Seher reisen ins Jenseits zu den Ahnen und Göttern, um ihre Informationen zu erlangen), und

- die Abkapselung als isoliertes Einzelwesen aufgeben.

I 2.   Die Sicht der Astrologie auf die Zeit

Die Vorstellungen über die Zeit sehen in der Astrologie deutlich anders aus als in der Physik – zumindestens auf den ersten Blick. Diese Vorstellungen unterscheiden sich in mindestens zwei Punkten.

Der erste Punkt bezieht sich auf die Blickweise:
Die Astrologie betrachtet keine zeitlichen Abläufe, sondern Gleichzeitigkeiten – woraus sich natürlich ein ganz anderes Bild der Zeit ergibt. In der Physik schaut man, was passiert, wenn z.B. zwei Kugeln gegeneinander stoßen – das ist eine zeitliche Entwicklung. In der Astrologie betrachtet man hingegen z.B. die Übereinstimmung des Planetenstandes zum Zeitpunkt der Geburt eines Menschen mit dem Charakter dieses Menschen.

Aus der Feststellung, daß der Planetenstand zum Zeitpunkt der Geburt und der Charakter eines Menschen übereinstimmen, ergibt sich, daß sich die Dinge nicht einzeln und isoliert voneinander entwickeln, sondern daß sich die Welt als Ganzes entwickelt. Die einzelnen Teile der Welt verändern sich in Harmonie miteinander, in Analogie zueinander, parallel zueinander – die Teile der Welt sind organische Teile eines Ganzen. Und diese Teile sind in Bezug auf ihre Qualität selbstähnlich – alle Teile haben gleichzeitig dieselbe Qualität.

Das ist letztlich dieselbe Schlußfolgerung, die sich auch bei der Betrachtung des Lichtes ergeben hat: Die Welt ist eine Einheit und die Zeit ist ein Aspekt dieser Einheit, die in unserem Alltag als Vielheit erscheint.

Aus der astrologischen Sicht ergibt sich zudem noch, daß die Teile der Einheit, also unsere Alltags-Vielfalt ein organisches Ganzes bilden, dessen Teile alle selbstähnlich sind. Man könnte auch sagen, daß die Vielfalt einen gemeinsamen Rhythmus in allen Teilen hat und daß das Ganze in allen seinen Teilen gleichzeitig auf dieselbe Weise „atmet".

Der zweite Punkt bezieht sich auf die Festgelegtheit der Zeit:
Ein Horoskop wird auf den Zeitpunkt der Durchtrennung der Nabelschnur berechnet, also auf den Zeitpunkt, an dem ein Mensch physisch eigenständig wird. Nun ist es aber so, daß Babys bei der Geburt durchaus unterschiedliche Gesichtszüge haben und auch einen verschiedenen Körperbau sowie einen unterscheidbaren Charakter, der sich schon im Bauch der Mutter zeigen kann (viel strampeln, oft drehen, ganz ruhig, auf Geräusche reagieren u.ä.). Diese Eigenschaften stimmen mit dem Horoskop überein.

Die Eigenschaften des Menschen stehen also schon vor der Geburt fest – sie werden durch den Geburtszeitpunkt und den Geburtsort lediglich astrologisch erfaßbar. Das bedeutet, daß das Horoskop bereits vor der Geburt feststeht, aber erst ab der Geburt berechenbar wird.

Daraus ergibt sich wiederum, daß der Geburtszeitpunkt schon vor der Geburt feststeht, denn wie sollte sonst der Charakter mit dem Horoskop übereinstimmen können? Die Zeit ist also vorherbestimmt, die Zukunft ist schon festgelegt.

Dasselbe findet sich auch bei der Gründung eines Unternehmens: Die Vorgeschichte der Gründung des Unternehmens bestimmt, wozu dieses Unternehmen letztlich wird – aber astrologisch sichtbar wird der Charakter des Unternehmens erst in dem Augenblick, in dem die Gründungsurkunde o.ä. unterschrieben wird. Auch hier liegt das, was durch das Gründungshoroskop astrologisch sichtbar wird, bereits vor der Gründung fest.

Das stimmt damit überein, daß die Welt eine Einheit ist und daß es für das Licht keine Zeit gibt – die Zeit, die wir im Alltag erleben, gibt es nur „unterhalb" der Lichtgeschwindigkeit und nur „oberhalb" der Schwarzen Löcher.

Das bedeutet für das Vorhersagen der Zukunft, daß man „aus der Zeit heraustreten" muß, um die Zukunft sehen zu können. Zugleich sollte man mit demselben Verfahren auch die Vergangenheit sehen können.

I 3. Die Zeit auf dem kabbalistischen Lebensbaum

Die Lebensbaum-Graphik aus der Kabbala ist eine Struktur mit 11 festen Punkten („Sephiroth"), die in fünf Bereiche gegliedert sind und durch 22 Linien („Pfade") miteinander verbunden sind. Diese Struktur entspricht dem Weltenbaum in den Mythen und wurde ursprünglich von Mystikern benutzt, um eine Gotteserfahrung zu erlangen.

Der Lebensbaum ist jedoch eine Struktur, die nicht willkürlich, sondern logisch aufgebaut ist – ähnlich wie die Mathematik, wenn auch nach anderen Prinzipien. So wie sich die Mathematik zur Beschreibung aller Dinge anwenden läßt, kann auch die Lebensbaum-Struktur zur Beschreibung aller Dinge genutzt werden. Sie findet sich in allen Dingen wieder – vom Aufbau eines Staubsaugers oder eines Autos über die Struktur einer Zelle oder eines Menschen bis hin zur Deutschen Verfassung oder zu Einsteins Relativitätstheorie.

Dadurch, daß alle Dinge die Struktur des Lebensbaumes enthalten, kann man alle Dinge von ihrer Struktur her miteinander vergleichen und daher Erkenntnisse aus einem Bereich in andere Bereiche übertragen. (Eine ausführliche Darstellung findet sich in meinem Buch „Blüten des Lebensbaumes I-III".)

Die Anwendung des Lebensbaumes, die in Bezug auf das Thema dieses Buches interessant ist, ist die genaue Übereinstimmung des Lebensbaumes mit der Superstringtheorie. Der Lebensbaum hat elf Sephiroth und die Superstringtheorie hat elf Dimensionen. Die Qualitäten der elf Sephiroth sind durch die Möglichkeiten, diese Struktur in allen Dingen wiederzufinden, gut bekannt. Wenn man die Sephiroth mit den Eigenschaften der mathematischen Dimensionen der Superstringtheorie vergleicht, ergibt sich ein interessantes Bild:

> 1. Sephirah („Kether"):
> *Einheit, Urknall-Singularität, Zeit, Gott*
> 1. Dimension:
> *Zeit*
>
> die erste Dreiergruppe von Sephiroth („Chokmah", „Binah", Da'ath"):
> *Gottheiten, Ausdehnung des Weltalls, Energiequanten, abgrenzungslos*
> die erste Dreiergruppe von Dimensionen:
> *die drei ausgedehnten Raum-Dimensionen*
>
> die zweite Dreiergruppe von Sephiroth („Chesed", „Geburah", Tiphareth"):
> *Seele, Elementarteilchen*
> die zweite Dreiergruppe von Dimension:
> *winzige Raumdimensionen (kleiner als ein Elektron)*

die dritte Dreiergruppe von Sephiroth („Netzach", „Hod", Yesod"):
Psyche, Atome und Moleküle
die dritte Dreiergruppe von Dimension:
winzige Raumdimensionen (kleiner als ein Elektron)

die elfte Sephirah („Malkuth"):
Dinge des Alltags, Vielheit
die elfte Dimension:
Dimension, die die anderen zehn Dimensionen zusammenfaßt

Hier findet sich in beiden Systemen dieselbe Aufteilung in „Ursprung/Einheit – eine abgrenzungslose Dreiergruppe – zwei abgegrenzte Dreiergruppen – Ergebnis/Vielheit".

Der genaue Unterschied zwischen der zweite und dritte Gruppe ist wird hier nicht näher beschrieben, da dies etwas aufwändiger wäre und für die weiteren Betrachtungen keine Bedeutung hat.

Der interessante Punkt an diesem Vergleich ist, daß die Zeit generell der Einheit und dem Ursprung entspricht, was in einem spirituell-religiösen Zusammenhang „Gott" genannt werden würde. Das bestätigt die Annahme, daß die Zeit nicht nur ein Element der physischen Welt unter vielen ist, sondern daß sie der Kern, der Ursprung, die Essenz, die allem zugrundeliegende Einheit der Welt ist.

Etwas präziser gesagt ist die Zeit das Erleben einer Abfolge von verschiedenen Zuständen der Einheit. Aus der Sicht der Einheit existiert alles gleichzeitig; aus der Sicht eines Teiles der Vielheit gibt es jedoch ein Nebeneinander (Raum) und ein Nacheinander (Zeit).

Man kann dies auch etwas poetischer ausdrücken: Die Zeit selber ist zeitlos …

Für das Vorhersehen der Zukunft kann man daraus schließen, daß man sich mit seinem Bewußtsein dieser Einheit zumindestens annähern muß, um die Zukunft sehen zu können.

I 4.   Die Zeit in den verschiedenen Epochen

In den verschiedenen Epochen der Menschheitsgeschichte hat es recht unterschiedliche Vorstellungen über die Zeit gegeben. Die Betrachtung dieser Vorstellungen kann helfen, die eigenen Vorstellungen über die Zeit etwas „elastischer" werden zu lassen.

In der **Altsteinzeit** wird die Vorstellung über die Zeit wie bei den heutigen Naturvölkern „punktförmig" gewesen sein: das Leben im Hier und Jetzt, das als einziges real ist.

Aus dieser Sicht steht jeder Augenblick für sich. Die Zeit ist nichts anderes als die Gegenwart.

Dadurch entsteht Präsenz.

In der **Jungsteinzeit** ist die Zeit als Zyklus angesehen worden, also als die Wiederholung eines ewig gleichen Rhythmus: der Lauf der Sonne, die Jahreszeiten, die Folge von Geburt, Leben und Tod u.ä. Die Zeit ist ein Kreislauf, der sich immer aufs Neue wiederholt.

Aus dieser Sicht hängen alle Situationen in einem Augenblick miteinander zusammen und jede Phase eines Zyklus steht in Zusammenhang mit derselben Phase aller anderen Zyklen.

Dadurch entsteht ein Weltbild voller magischer und astrologischer Zusammenhänge.

In der **Epoche des Königtums** gibt es einen Zeit-Gegensatz: auf der einen Seite die Ewigkeit Gottes, der Seelen und der Ideen und auf der anderen Seite die Vergänglichkeit der Welt, des Leibes und aller Schöpfungen.

Aus dieser Sicht ist nur die Ewigkeit das Reale – das Zeitliche ist vergänglich und daher nichtig.

Dadurch entsteht die Erkenntnis einer Einheit, die aller Vielheit zugrundeliegt.

Im **Materialismus** wird die Zeit als eine Gerade angesehen, an der entlang sich alle Dinge entwickeln – dies ist das „klassische" naturwissenschaftliche Konzept von Zeit.

Aus dieser Sicht ist die Zeit kein Zusammenhang, sondern erscheint nur als die einzelnen Bewegungen der einzelnen Dinge.

Dadurch entsteht die Kenntnis des kausalen, d.h. auf die Zeit bezogenen Verhaltens jedes einzelnen Dinges in dieser Welt.

In der Epoche der **Globalisierung** wurde die Relativitätstheorie und die Superstringtheorie entdeckt, die gezeigt haben, daß die Zeit ein integrierter Bestandteil der Welt ist und daß u.a. die Geschwindigkeit, mit der sie vergeht, von der Geschwindigkeit abhängt, mit der sich das, was man betrachtet, bewegt.

Aus dieser Sicht ist die Zeit ein Aspekt der allem zugrundeliegenden Einheit, die aus der Perspektive von Masse, also auch aus der Perspektive von Menschen erscheint.

Dadurch entsteht eine Integration der bisherigen Perspektiven, von denen aus die Zeit betrachtet worden ist.

I 5. Die Zeit in der Magie

In einem Buch über die Zukunftsschau ist natürlich auch die Rolle, die die Zeit in der Magie spielt, von großer Bedeutung. Im Folgenden werden jedoch nicht alle bekannten magischen Phänomene und Modelle betrachtet, sondern nur die, aus denen sich etwas für das Verständnis der Zeit im Zusammenhang mit der Zukunftsschau ergibt.

I 5. a) Omen und Orakel

Ein Omen ist ein auffälliges Ereignis, das ein noch folgendes Ereignis ankündigt, daß dieselbe Qualität hat. Das Omen ist also ein Bild von etwas, was noch kommen wird. In der Regel bezieht sich ein Omen auf die nahe Zukunft.

So kann z.B. ein Falke, der nur ein paar Meter von einem selber entfernt eine Maus fängt, einen bevorstehenden Überfall auf einen selber ankündigen.

Es gibt jedoch auch komplexe und sehr detailreiche Omen.

Ein Omen läßt sich dadurch beschreiben („erklären"), daß alle Ereignisse zu einem bestimmten Zeitpunkt dieselbe Qualität haben (wie bei der Astrologie).

Bei einem Orakel stellt man eine Frage und benutzt dann ein System von Elementen wie die Tarotkarten, die Scharfgarbenstengel des I Ging o.ä., um die Antwort zu erhalten. Die Elemente dieses Systems stellen die gesamte Welt dar – weshalb sie ein Spiegel der Welt sind. Daher können Orakel auf die gestellte Frage antworten – sie spiegeln den Zustand der Welt zu dem betreffenden Thema wider.

Auch bei einem Orakel wird eine Analogie benutzt – allerdings nicht wie bei dem Omen die Analogie zwischen allen Dingen zu einem bestimmten Zeitpunkt (alles hat zu einem bestimmten Zeitpunkt dieselbe Qualität), sondern die Analogie zwischen der Welt und einem Bild der Welt. Das Orakel ist ein „Spiegel der Welt".

Das Orakel hat gegenüber dem Omen den Vorteil, daß man gezieltere Fragen stellen und selber die Initiative ergreifen kann. Das Omen hat hingegen den Vorteil, daß man, wenn man auf „außergewöhnliche Ereignisse" achtet, Warnungen erhalten kann, wenn man selber noch gar nichts Bedrohliches erwartet.

Es gibt noch eine Mischform von Omen und Orakel: Manchmal antworten einem „merkwürdige Zufälle", wenn man innerlich sich selber oder der Welt mit ausreichender Intensität eine Frage gestellt hat.

I 5. b) Astrologie und Physik

Die Physik beschreibt die zeitliche Entwicklung von Situationen – die Astrologie beschreibt die Qualität in allen Dingen zu einem bestimmten Zeitpunkt. Da sich beides sicher nachweisen läßt, muß die Welt beide Strukturen enthalten: die kausalen Zusammenhänge der Physik und die analogen Zusammenhänge der Astrologie.

Daraus ergibt sich, daß die Welt ein komplexes Muster sein muß, in dem alles mit allem in Zusammenhang steht und sich sozusagen symmetrisch wie ein Mandala oder ein Kaleidoskop entfaltet. Anders läßt sich die Erhaltung einer sich in allem gleichmäßig entfaltenden und verwandelnden Analogie-Ordnung nicht erklären.

Wenn die Welt diese beiden Ordnungen (Kausalität und Analogie) enthält, muß es Elemente geben, die in beiden Ordnungen auftreten – schließlich beschreiben beide Ordnungen dieselbe Welt. Dies ist auch der Fall.

Das Grundelement des Physik ist der Superstring – der Grundbaustein der Superstringtheorie. Jeder Energiequant und jedes Elementarteilchen läßt sich als Superstring darstellen. Ein Superstring ist wie eine kreisförmig gespannte Saite (englisch: „string"), die schwingt. Diese Saite ist zwölfgeteilt, d.h. sie hat zwölf Schwingungen, die scharf voneinander abgegrenzt sind.

Das Grundelement der Astrologie ist der Tierkreis. Er ist ebenfalls ein Kreis, der aus zwölf Bereichen besteht, die scharf voneinander abgegrenzt sind.

Die Qualitäten der astrologischen Aspekte stimmen mit der Qualität der entsprechenden Winkel in der Physik überein:

$0°$ = Konjunktion = Gravitation => Zusammenziehung

$180°$ = Opposition = die zwei Pole (+ und -) der elektromagnetischen Kraft => Gegensatz-Ergänzung

$120°$ = Trigon = die drei Pole der Farbkraft => feste Verbindung

$90°$ = Quadrat = Trennung von elektrischer und magnetischer Welle in einem Photon (beide Wellen stehen in einem $90°$-Winkel zueinander) => Trennung

$60°$ = Sextil = mehrere Monde im Abstand von jeweils $60°$ in derselben Umlaufbahn; Waben; Schneeflocken; Anordnung der Protonen und Neutronen in einem Atomkern usw. => Gruppenbildung von gleichen Elementen

(Diese Zusammenhänge habe ich in meinem Buch „Physik und Magie aus-führlich beschrieben.)

Diese Winkel lassen sich aus dem Tierkreis ableiten (siehe mein Buch „Astrologie").

Die elf mathematischen Dimensionen der Superstringtheorie finden sich zwar nicht in der Astrologie wieder, aber in der Kabbala (wie bereits beschrieben).

Die Astrologie und die Physik beschreiben also zwei Aspekte derselben Welt:

Aus dem Blickwinkel der Physik ergibt sich, daß die Zeit kausal „fließt".

Aus dem Blickwinkel der Astrologie ergibt sich, daß alle Dinge zu einem bestimmten Zeitpunkt dieselbe Qualität haben. Die Bestandteile der Welt stehen also in einem festen Bezug zueinander, aus denen sich ein großes, alles umfassendes Muster ergibt. In diesem Muster spielen offenbar der zwölf-geteilte Kreis sowie die Winkel eine große Rolle.

Für die Betrachtung der Zeit bedeutet dies, daß die Zeit nicht nur einen „Linie" ist, an der entlang sich die Dinge bewegen, sondern daß jeder einzelne Zeitpunkt auch eine bestimmte Qualität hat.

I 5. c) Einheit und Vielheit

Ein wichtiges Konzept in vielen Formen der Magie ist der Gegensatz von Einheit und Vielheit: Gott und Welt in der Religion, Kether und Malkuth in der Kabbala, das Tao und die Hexagramme im I Ging usw. Diese Blickweise entspricht dem Weltbild der Epoche des Königtums, aus der auch die Philosophie stammt.
Die Einheit ist mit der zeitlosen Ewigkeit verbunden und die Vielheit mit der „normalen Zeit".
Hier findet sich dasselbe Bild, das sich auch bei der Betrachtung des Unterschiedes zwischen Energie (Licht) und Materie ergeben hat: Licht ist zeitlos, Materie (Masse) bewegt sich in der Zeit.

I 5. d)   Bewußtsein und Materie

Eine der allgemeinsten Definitionen von Magie ist „die Beeinflussung der Materie durch das Bewußtsein".

Man könnte ganz schlicht sagen, daß die Materie die Außenseite der Welt ist und das Bewußtsein ihre Innenseite.

Nach dieser Definition hätten alle Dinge ein Bewußtsein – die Komplexität der Inhalte dieses Bewußtseins würde dann von der Komplexität der materiellen Form abhängen, zu der dieses Bewußtsein gehört.

Eine zweite Schlußfolgerung wäre, daß Materie auf Bewußtsein wirkt und Bewußtsein auf Materie – das müßte so sein, wenn Materie und Bewußtsein zwei Seiten desselben Dinges sind. Die direkte Wahrnehmung durch das Bewußtsein ohne Zuhilfenahme der physischen Sinnesorgane wäre die Telepathie und das direkte Handeln durch das Bewußtsein ohne Zuhilfenahme des physischen Körpers wäre die Telekinese.

Wenn man sich die Materie betrachtet, erscheint sie als einzelne Elemente: Steine, Zellen, Moleküle, Atome … Das Bewußtsein hingegen neigt zur Einheit: Bewußtsein – Telepathie – kollektives Unterbewußtsein – Gott.

Das Bewußtsein ist anscheinend mit dem zeitlosen Einheit-Aspekt der Welt verbunden und die Materie mit dem sich in der Zeit entwickelnden Vielheit-Aspekt.

I 5. e)   Freiheit und Trägheit

Wenn das Bewußtsein letztlich eine Einheit ist, dann ist es frei – denn was sollte eine Einheit, neben der es nichts zweites gibt, beeinflussen können? Diese Freiheit erscheint in der Magie als die Möglichkeit, vom Bewußtsein aus die Materie zu beeinflussen.

Wenn die Materie eine Vielheit ist, dann ist sie unfrei – die vielen Elemente dieser Vielheit bremsen sich gegenseitig in dem, was als Impuls aus ihnen selber herauskommt. Die Vielheit ist also „träge". Diese Trägheit erscheint in der Physik als die Kausalität: Solange sich das Bewußtsein nicht in den Ablauf der Dinge „einmischt", entwickelt sich das Verhalten der materiellen Dinge auf vorhersehbare Weise.

Es hat somit den Anschein, als würde das Bewußtsein von dem zeitlosen Bereich der Einheit in den von zeitlichen Abläufen geprägten Bereich der Materie blicken und ab und zu gestaltend eingreifen.

Diese beiden letzten Themen (I 5. d) und e) habe ich ausführlich in „Magie-Forschung für Anfänger" dargestellt.)

I 6. Zusammenfassung

Die bisherigen Ergebnisse zeigen, daß die Zeit nicht einfach eine „gerade Linie" ist, an der entlang sich die Ereignisse entfalten, sondern viele Eigenschaften hat – die Zeit ist deutlich anders, als man sie sich normalerweise vorstellt.

1. Die Menge an Zeit, die für ein Ding vergeht, hängt davon ab, wie schnell es sich bewegt.

2. Je schneller sich etwas bewegt, desto weniger Zeit vergeht für dieses Ding. Beim Erreichen der Lichtgeschwindigkeit vergeht keine Zeit mehr – diese Geschwindigkeit kann jedoch nur vom Licht oder allgemeiner gesagt, von Energiequanten erreicht werden. Licht ist folglich „zeitlos". Materie kann die Lichtgeschwindigkeit nicht erreichen und bleibt daher immer „in der Zeit".

3. Die klassische Physik hat die Zeit als eine gerade Linie betrachtet, an der entlang sich die Ereignisse entfalten. Die Beschreibungen dieser zeitlichen Entwicklung führte zu dem Konzept der Kausalität: Jeder Zustand entsteht zwangsläufig nach bestimmten Gesetzen aus dem ihm vorausgehenden Zustand – es ist also alles bereits festgelegt.

4. Der Raum und die Zeit sind fest miteinander zur „Raumzeit" verbunden. Der Abstand zwischen zwei Punkten ist daher nicht eine Entfernung (Veränderung des Ortes), sondern eine Geschwindigkeit (Veränderung des Ortes innerhalb einer bestimmten Zeit).

5. Die Zeit-gebundene Masse entsteht aus der zeitlosen Energie durch Verdichtung und Abkapselung der Energie: „$E=mc^2$". Dabei verliert die Energie zweimal die Lichtgeschwindigkeit – genauer gesagt nimmt sie das „c^2" in sich hinein, wo es zu einer „inneren Geschwindigkeit" wird, zu einem Rotieren der Energie im Inneren des Materieteilchens, wodurch diese Materieteilchen dann als „fest" erscheint.

6. Wenn sich ein Schwarzes Loch bildet, verliert das Materieteilchen noch einmal zwei Lichtgeschwindigkeiten („c^2") und wird zu einem Punkt – es hat dann auch keine räumliche Ausdehnung mehr.

7. Materie besteht aus Molekülen; diese bestehen aus Atomen; diese bestehen aus Elementarteilchen; diese aus Energiequanten; diese sind

Krümmungen der Raumzeit; der Raum ist eine Momentaufnahme der Raumzeit; somit ist die Zeit der Ursprung und die Essenz und die Substanz der Welt. Die Zeit selber umfaßt die Vergangenheit, die Gegenwart und die Zukunft und ist daher ewig, „zeitlich vollständig" und folglich selber eine zeitlose Einheit.

8. Die Kreisbahn, in der sich die Energie in einem Materieteilchen bewegt, werden in der Superstringtheorie durch die sieben nicht-ausgedehnten Raumdimensionen beschrieben, die nur weit unterhalb der Größe eines Elektrons existieren.

9. Wenn sich aus Energie Materie bildet, verliert die Energie ihre Zeitlosigkeit und wird zu einem Materieteilchen, daß sich in der Zeit bewegt.

10. Die Zeit ist erst entstanden, als sich kurz nach dem Urknall aus der Energie Materie gebildet hat. Erst ab diesem Zeitpunkt (Ende der Phase des „inflationären Weltalls") setzten daher auch die heutigen Naturgesetze ein, die z.B. die Ausdehnung des Weltalls auf weniger als die Lichtgeschwindigkeit begrenzen.

11. Die Physik betrachtet „Entwicklungen in der Zeit"; die Astrologie betrachtet die in „in allem vorhandene Qualität zu einem bestimmten Zeitpunkt". Die Blickrichtungen beider Ansätze und folglich auch ihre Beobachtungs-Ergebnisse sind also völlig verschieden: Die Physik betrachtet Kausalitäten, die Astrologie betrachtet Analogien.

12. Da die Physik und die Astrologie dieselbe Welt betrachten, finden sich in beiden Systemen übereinstimmende Elemente:

> - die physikalischen Winkel und die astrologischen Aspekte, und

> - der zwölfteilige Superstring und der zwölfteilige Tierkreis,

sowie:

> - die elfteilige Superstringtheorie und der elfteilige Lebensbaum der Kabbala.

13. Aus den Beobachtungen der Physik, die die kausalen Veränderungen in der Welt beschreiben, und aus den Beobachtungen der Astrologie, die die Analogien in der Welt beschreiben, ergibt sich das Bild einer Welt, die sich zeitlich gesehen nach festen Gesetzen entfaltet, aber dabei zugleich eine

Analogieordnung bewahrt. Die Welt entfaltet sich also wie ein komplexes Mandala oder wie ein Kaleidoskop – alle Dinge stehen in ihrer zeitlichen Entwicklung in Zusammenhang mit allen anderen Dingen in dieser Welt. Die Welt ist also ein komplexes Muster mit einer komplexen Ordnung – sonst könnte sie nicht zugleich durch die Kausalität und durch die Analogien geordnet sein.

14. Da das Horoskop für einen bestimmten Zeitpunkt und einen bestimmen Ort in der Zukunft bereits feststeht, liegt auch die „Analogie-Qualität", also die „astrologische Qualität" der Zukunft bereits fest. Daraus ergibt sich, daß die Entwicklung der Welt im Verlauf der Zeit bereits feststeht. Die Zeit entfaltet sich also nicht frei, sondern nach festen Regeln.

15. Die Zeit ist in der Menschheitsgeschichte auf verschiedene Weise aufgefaßt worden:

- Altsteinzeit: Punkt (Hier und Jetzt)

- Jungsteinzeit: endloser Zyklus (Kreis)

- Königtum: Ewigkeit und Vergänglichkeit (Gott und Welt)

- Materialismus: Zeit-Linie (Kausalität)

- Globalisierung: Raumzeit (Kontinuum)

16. Die Analogien der Astrologie finden sich auch in Omen und Orakeln wieder. Sie werden auch in der Magie benutzt.

17. Bewußtsein ist die Innenseite der Welt, Materie ist die Außenseite der Welt. Bewußtsein ist freie Einheit, Materie ist träge Vielheit. Das Eingreifen des freien Bewußtseins in die trägen, kausalen Abläufe in der Vielheit ist die Magie.

II Zeit-Phänomene

Die bisherigen allgemeinen Betrachtungen zum Wesen der Zeit bilden die Grundlage und den Rahmen der nun folgenden Kapitel.

II 1. Vergangenheit, Gegenwart und Zukunft

Die Zeit hat aus menschlicher Sicht drei deutlich unterscheidbare Aspekte:

1. Die Gegenwart: Das ist der Ort in der Zeit, an dem man sich gerade befindet, an dem man wahrnehmen und handeln und erleben kann.
Das Bewußtsein befindet sich zunächst einmal an diesem Ort in der Zeit, also in der Gegenwart.

2. Die Vergangenheit: Das ist der Teil der Zeit, an den man sich teilweise erinnern kann – an den Orten in der Zeit, an denen man früher einmal gewesen ist.
Das Bewußtsein kann sich in der Zeit „rückwärts" ausdehnen und sich an frühere Ereignisse erinnern.

3. Die Zukunft: Das ist der Teil der Zeit, an die man sich normalerweise nicht erinnern kann, weil man dort noch nicht gewesen ist.
Das Bewußtsein dehnt sich bei der Zukunftsschau in die Zukunft hinein aus, um zu erkennen, was in der Zukunft geschieht.

Es wäre denkbar, daß die Vorgänge bei dem Schauen der Zukunft deutlicher werden, wenn man sich die Vorgänge beim Erinnern genauer anschaut. Dabei sind natürlich vor allem die Vorgänge interessant, bei denen die Erinnerung bis vor die Dinge, die man selber erlebt hat, zurückreicht.

II 1. a) Vergangenheits-Telepathie

Die Wahrnehmung von vergangen Dingen, die man nicht selber erlebt hat, wäre sozusagen „Zeit-Telepathie". Wenn jemand über Dinge Bescheid weiß, die er nicht selber erlebt und über die er nichts gelesen hat, wäre die Minimal-Annahme, daß der Betreffende sich die Informationen telepathisch beschafft hat – aus einem Buch oder durch die Wahrnehmung eines heutigen Ortes o.ä. Selbst wenn man auf diese Weise einen verborgenen Schatz findet, kann man dies noch als „normale Telepathie" deuten.

Wenn jemand auf diese Weise komplexe Zusammenhänge in der Vergangenheit erkennen kann, die man bei der Überprüfung erst mühsam rekonstruieren muß, wird die Deutung als „normale Telepathie" allmählich schwierig und die „zeitliche Telepathie" wahrscheinlicher.

II 1. b)   Reinkarnation

Die Reinkarnation besagt letztlich, daß die Essenz des Lebens eines Menschen auf das Leben eines zweiten Menschen, der geboren wird, nachdem der erste Mensch gestorben ist, übertragen wird. Das wäre von dem ersten Menschen aus gesehen eine „Telepathie in die Zukunft hinein" und von dem zweiten Menschen aus gesehen eine „Telepathie in die Vergangenheit hinein".

Es gibt viele Fälle von Menschen, die sich an das Leben früherer Menschen erinnern können, was entweder die „Vergangenheits-Telepathie" oder die Reinkarnation wahrscheinlich macht.

Die ausführliche Betrachtung dieses Themas ist jedoch recht komplex und würde den Rahmen dieses Buches sprengen (siehe bei Bedarf mein Buch „Reinkarnation").

Der für das Thema „Zukunftsschau" interessante Punkt ist, daß die Wahrnehmung der nicht selber erlebten Vergangenheit recht weit verbreitet zu sein scheint.

II 1. c)   Das kollektive Unterbewußtsein

Wenn man des öfteren Telepathie erlebt hat, wird man irgendwann davon ausgehen, daß Telepathie ständig vor sich geht, aber man sie nur ab und zu bewußt wahrnimmt. Sie könnte sich z.B. auch in den vielen „sinnvollen Zufällen" im eigenen Leben zeigen.

Die Versuche mit der Telepathie zeigen, daß sie von dem Unterbewußtsein ausgeht. Man muß also nicht die Telepathie an sich erlernen, sondern nur die Wahrnehmung der Telepathie, d.h. die Wahrnehmung des eigenen Unterbewußtseins. Das kann durch Pendeln, Traumreisen, Tarotkarten, Familienaufstellungen, einige Formen der Meditation usw. geschehen: Man stellt eine bewußte Verbindung zwischen dem eigenen Wachbewußtsein und dem eigenen Unterbewußtsein her.

Wenn Telepathie die Kommunikation zwischen dem Unterbewußtsein des einen

Menschen mit dem Unterbewußtsein des anderen Menschen ist, dann sind die Unterbewußtseine der Menschen offenbar telepathisch miteinander verflochten. Dieses Geflecht aus Unterbewußtseinen und telepathischen Verbindungen zwischen ihnen ist das kollektive Unterbewußtsein.

Wenn es auch „zeitliche Telepathie" geben sollte (was wahrscheinlich ist), dann könnte auch das Bewußtsein eines heutigen Menschen mit dem Bewußtsein eines Menschen, der vor 200 Jahren gelebt hat, verbunden sein. Wenn diese telepathische Verbindung eine größere Festigkeit und Beständigkeit hat und das Leben des verstorbenen Menschen einen größeren Einfluß auf den noch lebenden Menschen hat, würde man dies am besten als „Reinkarnation" bezeichnen. Die telepathische Botschaft, die von dem verstorbenen Menschen zu dem lebenden Menschen gelangt, wäre dann das Karma. In diesem Karma wären dann vermutlich vor allem die intensiveren Erlebnisse der Verstorbenen enthalten: Liebesbeziehungen, Freundschaften, Fähigkeiten, Traumas …

Das ist jetzt ein plausibles Modell, das mehrere Phänomene zusammenfaßt, aber noch kein Beweis für die Existenz einer „Vergangenheits-Telepathie". Dafür ist noch die folgende Betrachtung notwendig.

II 1. d) Bärlapp

Der Bärlapp („Lycopodium") ist ein kleines Kraut, das vor allem an Waldrändern wächst. Aus ihm ist das homöopathische Heilmittel „Lycopodium" hergestellt worden. Es ist vor allem dafür geeignet, eine bestimmte Form der Depression zu heilen: das Gefühl, im Filmabspann zu leben; das Gefühl, daß die eigene große Zeit schon vorüber ist und daß man lediglich noch ein bißchen die Gerechtigkeit aufrecht erhalten kann. Der typische Lycopodium-Patient ist ein älterer Notar ohne Familie.

Die Bärlapp-Gewächse sind vor 300 Millionen Jahren die wichtigste Pflanzenart auf der Erde gewesen – der Bärlapp war damals der „König der Wälder", da fast alle damaligen Bäume zu den Bärlapp-Gewächsen gehören. Aus diesen Bäumen, die damals nach ihrem Absterben in die Sümpfe gestürzt sind, in denen sie z.T. wuchsen, hat sich die Steinkohle, das Erdöl und das Erdgas gebildet.

Das kleine heutige Bärlapp-Kraut lebt also auf den Massengräbern seiner „ruhmreichen Vorfahren". Das ist die Prägung, die sich in der Anwendung dieses homöopathischen Heilmittels wiederfindet.

Offensichtlich hat das Lycopodium ein Arten-Gedächtnis, das über die einzelne Pflanze hinausreicht. Man könnte das auch das kollektive Unterbewußtsein des Lycopodiums nennen. Mit diesem kollektiven Lycopodium-Unterbewußtsein nimmt ein Patient telepathischen Kontakt auf, indem er ein Lycopodium-Kügelchen einnimmt.

Dieses Prinzip, daß die Wirkungsweise eines homöopathischen Heilmittels von der Geschichte der Substanz abhängt, aus der dieses Mittel hergestellt worden ist, findet sich auch bei einigen anderen „Kügelchen".

So fördert z.B. Silicea die Langsamkeit und Gründlichkeit, die Durchsichtigkeit, Aufrichtigkeit und Integration. Silicea wird aus Bergkristall hergestellt, der entsteht, wenn in heißer Lava eingeschlossenes SiO_2 extrem langsam abkühlt – nur 1° in hundert Jahren. Dann wird das Siliciumdioxyd zu einem einzigen Molekül, in dem alle Atome mit allen anderen Atomen verbunden sind – eine Bergkristallspitze ist ein einziges Molekül. Bergkristall entsteht also langsam und alle seine Atome sind vollständig zu einem einzigen Molekül integriert worden – weshalb der Bergkristall auch durchsichtig ist.

Die homöopathischen Heilmittel wirken dadurch, daß der Patient durch die Einnahme eines „Kügelchens" eine telepathische Verbindung mit dem kollektiven Unterbewußtsein der Substanz eingeht, aus dem dieses Kügelchen hergestellt worden ist – das ist sozusagen ein „magischer Pakt" mit dem Heilmittel. Von der Ebene der direkten Wahrnehmung dieser verschiedenen kollektiven Unterbewußtseine auf Traumreisen oder in Visionen sind diese kollektiven Unterbewußtseine die Muttergöttinnen der Tierarten, die „Elfen" der Pflanzen und die „Zwerge" der Mineralien.

Diese kollektiven Unterbewußtseine, die man auch „Tiergötter", „Pflanzengötter" und „Mineraliengötter" bzw. im Sprachgebrauch von C.G. Jung „Archetypen" nennen könnte, werden natürlich durch eigene Erlebnisse mit ihnen z.B. auf Traumreisen wesentlich lebendiger.

Diese kollektiven Unterbewußtseine haben offensichtlich eine „zeitliche Ausdehnung" weit in die Vergangenheit hinein oder anders formuliert, sie verfügen über eine ausgeprägte „zeitliche Telepathie".

II 1. e) Zusammenfassung

Die vorstehenden Betrachtungen zeigen, daß eine „zeitliche Telepathie" nicht nur möglich ist, sondern auch in großem Stil ständig existiert und die einzelnen Menschen, Tiere, Pflanzen und Mineralien in ein kollektives Bewußtsein der jeweiligen Art einbettet. Dieses kollektive Unterbewußtsein einer Art entspricht der Muttergöttin der Menschen bzw. dem Urmenschen.

Aus den im „Kapitel I" dieses Buches angestellten Betrachtungen über die Zeit ergab sich, daß das Licht zeitlos ist und daß es eine Ebene in der Welt gibt, die zeitlos und eine Einheit und eng mit dem Bewußtsein verbunden ist. Offenbar stehen die kollektiven Unterbewußtseine der verschiedenen Arten an dem Übergang von Materie und Bewußtsein, an dem Übergang von Vielheit und Einheit sowie an dem Übergang von Zeit und Zeitlosigkeit:

- Diese kollektiven Unterbewußtseine haben eine Vielfalt von unabhängigen Körpern (z.B. alle Bärlapp-Pflanzen) und sie haben ein Bewußtsein, das die Erinnerung der gesamten Art enthält. Das kann man auch als „zeitliche Telepathie" bezeichnen.

- Diese kollektiven Unterbewußtseine stehen zwischen der Einheit und der Vielheit, da sie die Vielheit z.B. der einzelnen Bärlapp-Pflanzen zu einem einzigen Bärlapp-Bewußtsein zusammenfassen.

- Diese kollektiven Unterbewußtseine sind unabhängig vom Lauf der Zeit und enthalten z.B. im Fall des Bärlapps Erinnerungen von über 300 Millionen Jahren. Das kollektive Bärlapp-Unterbewußtsein ist zum einen „in der Zeit", weil es mit jeder Bärlapp-Pflanze verbunden ist, aber zum anderen auch „außerhalb der Zeit", weil es sich über einen weit größeren Zeitraum erstreckt als die Lebensdauer einer einzelnen Pflanze.

Die Funktionsweise der Homöopathie entspricht offensichtlich den Betrachtungen über die Zeit aus dem „Kapitel I".

Es wird dieser Übergang zwischen Materie und Bewußtsein sein, zwischen Einheit und Vielheit, zwischen Zeit und Zeitlosigkeit, den man erreichen muß, um in die Zukunft sehen zu können.

Man kann bei der Betrachtung der kollektiven Unterbewußtseine eine vorborgene Struktur in der Welt ahnen: Jedes Lebewesen, jede Pflanze und jedes Mineral hat sein eigenes kollektives Unterbewußtsein – sozusagen seine Gottheit. Diese Gottheiten sind wiederum miteinander verbunden und bilden dann insgesamt das kollektive Unterbewußtsein bzw. die Gottheit der Erde, die heute des öfteren „Gaia" genannt wird. Diese Planetengötter könnten wieder Teile einer Sonnensystem-Gottheit bilden, diese könnten wiederum Teil einer Galaxie-Gottheit sein und diese schließlich Teile des allumfassenden kollektiven Unterbewußtseins sein, das man etwas poetisch als „Gottes Traum" bezeichnen könnte.

II 2.   Gleichzeitigkeit

Die Astrologie beschreibt Qualitäten, die zu einem bestimmten Zeitpunkt in allen Wesen, Dingen und Ereignissen zu finden sind: das Horoskop des betreffenden Augenblicks.

Diese Augenblicks-Qualität findet sich außer in den Horoskopen auch in der Verwendung von Analogien in der Magie wieder, in der Erfindung einer Sache durch mehrere Menschen unabhängig voneinander zum gleichen Zeitpunkt u.ä. Das auffälligste ist vermutlich der „sinnvolle Zufall", der von C.G. Jung „Synchronizität" genannt worden ist, also „Gleichzeitigkeit".

II 3.   Zeit und Gleichzeitigkeit

Die Kombination dieser Gleichzeitigkeit bzw. dieser astrologisch beschreibbaren Augenblicks-Qualität mit den kollektiven Unterbewußtseinen ergibt ein interessantes Bild: Die verschiedenen kollektiven Unterbewußtseine (Arten-Gottheiten) bewegen sich synchron im Rhythmus der astrologisch beschreibbaren Qualitäten. Sie bewegen sich gemeinsam, in Analogie zueinander – das könnte man etwas poetischer als den „gemeinsamen Tanz der Gottheiten" bezeichnen, der „Gottes Traum" darstellt.

Es ist dieser Bereich an der Grenze zwischen Gott und Menschen, zwischen Zeitlosigkeit und Zeit, zwischen Einheit und Vielheit, zwischen Bewußtsein und Materie, in den die Seher und Seherinnen reisen – sie betrachten das kollektive Unterbewußtsein, sie unterhalten sich mit ihm, sie wandern in ihm umher …

III Bewegungen in der Zeit

Nach diesen vorbereitenden Betrachtungen über das Wesen der Zeit kann nun das eigentliche Vorhersehen der Zukunft genauer untersucht werden.

III 1. Unbeabsichtigtes Vorhersehen der Zukunft

Vermutlich sind die unbeabsichtigte Zukunftsschau die häufigste Form des Vorhersehens der Zukunft – und davon scheint wiederum das nächtliche Träumen der Ereignisse des folgenden Tages am weitesten verbreitet zu sein.

Dabei lassen sich mehrere Dinge beobachten:

1. Die Wahrnehmung der Zukunft findet während des Traumes statt, d.h. im Unterbewußtsein.

2. Diese Wahrträume treten bei vielen Menschen eine Zeitlang auf und verschwinden dann wieder. So hat z.B. ein Schulfreund von mir ca. drei Monate lang fast jede Nacht einige Dinge geträumt, die dann am nächsten Tag auch passiert sind. Danach sind die Träume nur noch sehr selten aufgetreten.

3. Das Wahrnehmen der Zukunft kann ohne eigenes Dazutun und ohne willentliche Absicht geschehen. Das bedeutet, daß man den „Draht" zu dem Bereich, in dem man die Zukunft sehen kann, bereits besitzt – diese Verbindung muß also nicht erst hergestellt werden.

4. Oft werden völlig belanglose Dinge „vorhergeträumt". Es sind also keine großen Emotionen notwendig, um das Vorhersehen in Gang zu bringen. Es ist eher so, daß man so nebenbei mal die Tür öffnet und schaut, was da in Zukunft kommen wird.

5. In den meisten Fällen wird das geträumt, was am nächsten Tag geschieht. Offenbar ist die „nahe Zukunft" der Teil der Zukunft, der am leichtesten gesehen werden kann.

Manchmal gibt es auch Fälle, die man genauer untersuchen muß. So habe ich z.B. eines Nachts den größten Teil des letzten Bandes der „Harry-Potter"-Reihe geträumt, bevor er noch erschienen ist, und habe diesen Teil dann auch einem Freund erzählt. Als dann später der Band erschienen ist, habe ich gesehen, daß ich „richtig geträumt" hatte.

War das nun die Wahrnehmung der Zukunft oder die Wahrnehmung dessen, was J.K. Rowling in ihrem Bewußtsein trug und bereits geschrieben hatte?

Es war noch etwas anderes, aber das habe ich erst zufällig ein paar Jahre später herausgefunden. J.K. Rowling hat das erste Kapitel dieses Bandes einer Obdachlosen-Zeitschrift in England vor Erscheinen des Buches zur Verfügung gestellt, um dadurch den Umsatz dieser Zeitung anzukurbeln. Das heißt, daß zu der Zeit meines Traumes viele Menschen in England dieses erste Kapitel gelesen haben und ich, der ich sehr gespannt auf den letzten Band gewesen bin, habe telepathisch „mitgelesen".

In diesem Fall hat es bei mir eine große Motivation gegeben und bei den Lesern dieses Kapitels in der Obdachlosen-Zeitschrift ebenfalls ein sehr großes Interesse an diesem ersten Kapitel. Dies ist also ein Fall von Telepathie, der durch eine große Motivation und viele Gefühle in Gang gesetzt worden ist – und es war keine „Zukunfts-Telepathie".

III 2.   Gezieltes Vorhersehen der Zukunft

Bei dem gezielten Vorhersehen der Zukunft gibt es eine große Anzahl an verschiedenen Methoden.

III 2. a)   Omen und Orakel

Am wenigsten aktiv ist man bei dem Deuten von Omen: Das Omen tritt auf, man bemerkt es und deutet es – und verhält sich evtl. ihm entsprechend.

Das Omen spricht mithilfe eines Gleichnisses – man muß dieses Omen also mithilfe einer Analogiebildung auf die eigene Situation übertragen. Wenn man dreimal hintereinander in ungewöhnlich großer Nähe zwei Vögel sieht, die sich paaren, kann man die berechtigte Hoffnung haben, daß man recht bald etwas Ähnliches erleben wird …

Bei einem Orakel stellt man eine Frage und benutzt ein System von Symbolen, die in ihrer Gesamtheit die Welt abbilden. Die zufällig ausgewählten Elemente dieses Systems geben dann die Antwort auf die gestellte Frage.

Auch hier erfolgt die Antwort auf eine allgemeine, mehr oder weniger symbolische Weise, die man dann auf die gestellte Frage übertragen muß.

Ein interessanter Punkt ist die „zeitliche Reichweite" dieser beiden Methoden. Bei den Omen ist es deutlich, daß sie wie die nächtlichen Wahrträumen fast immer die nahe Zukunft anzeigen. Bei den Orakeln scheint die „zeitliche Reichweite" aufgrund der gestellten Fragen etwas weiter zu sein, doch die Antworten beziehen sich noch immer auf den „nächsten Entwicklungsschritt", also letztlich auch auf die „nahe Zukunft".

III 2. b)   Astrologie

Bei der Astrologie sieht die Frage der Zeit ganz anders aus als bei den Omen und Orakeln: Der Zeitpunkt, über den man eine Aussage erhält, hängt lediglich von dem Zeitpunkt ab, für den man ein Horoskop berechnet. Man kann also jetzt im Jahre 2020 n.Chr. schon genau sagen, welchen Charakter ein Mensch haben wird, der im Jahre 2050 n.Chr. in Berlin Mitte um 12.00Uhr geboren werden wird. Zudem besteht das Horoskop ein Leben lang und verändert sich nicht.

Das Horoskop wirkt zudem schon vor der Geburt und „gestaltet" den betreffenden Menschen – das Horoskop wird lediglich im Augenblick der der Geburt sichtbar und berechenbar.

Hier zeigt sich ein anderer Aspekt der Zeit als bei den Omen und Orakeln, die so gut wie immer den „nächsten Schritt" zeigen. Durch die Astrologie wird deutlich, daß die aufeinander folgenden Zeitqualitäten in der Zukunft bereits festliegen – man kann sich jederzeit das zu jedem beliebigen Zeitpunkt gehörige Horoskop ansehen.

Der „Fluß der Zeit" ist von seiner Qualität her bereits festgelegt.

Man sieht bei der direkten Wahrnehmung durch Wahrträume sowie durch die indirekte Wahrnehmung mithilfe von Omen und Orakeln etwas anderes als mithilfe der Astrologie:

- Wahrträume: konkrete Ereignisse in der nahen Zukunft

- Omen: die nahe Zukunft in Gleichnisform

- Orakel: den nächsten Entwicklungsschritt in Gleichnisform

- Astrologie: die Zeitqualität eines beliebigen Zeitpunktes

Während Wahrträume ganz konkrete Ereignisse in der Zukunft zeigen, stellen Omen, Orakel und die Astrologie die Zukunft als Qualität dar, d.h. man muß diese Qualität erst auf die konkrete Frage übertragen, d.h. das Omen, das Orakel oder das Horoskop „deuten".

III 2. c) Traumreisen

Mithilfe von Traumreisen kann man sich auch die Zukunft anschauen. Die einfachste Methode geht wie folgt vor sich:

- Man formuliert die Frage an die Zukunft: Was man will man wissen? Auf wen bezieht sich die Frage? Um welchen Zeitpunkt geht es?

- Dann stellt man sich einen Kalender vor, eine Folge von Jahreskreisen, eine Linie, auf der die Jahre und Monate verzeichnet sind o.ä., also eine graphische Darstellung der Zeit.

- Nun bezieht man diese imaginierte Zeit-Linie auf die Person oder das Thema, über das man etwas wissen will.

- Schließlich reist man innerlich zu dem Datum, über das man in Bezug auf das ausgewählte Thema etwas wissen will. Je nach der Art der Frage muß man auch von der Gegenwart aus Monat für Monat die Zeit-Linie entlang-reisen und schauen, was in jedem Monat geschieht. Möglicherweise ist es auch sinnvoll, sich zu dem (noch unbekannten) Zeitpunkt zu wünschen, an dem etwas Bestimmtes geschieht. Eine andere Variante ist es, einfach in allen Monaten des folgenden Jahres zu schauen, was sich dort Wesentliches ereig-nen wird.

Man kann auch ein Orakel wie z.B. ausgelegte Tarotkarten oder ein ausgewähltes Hexagramm aus dem I Ging als „Tor" für eine Traumreise benutzten. Auf diese Weise kann man zu der Antwort des Orakels, die ja aus der Darstellung einer Qualität besteht, konkrete Bilder hinzufügen, die eine konkrete Antwort ermöglichen.

Es kann auch hilfreich sein, zu mehreren Personen in die Zukunft zu schauen und dann anschließend das Gesehene und das Gehörte zu vergleichen. Man weiß natürlich nicht sicher, ob die übereinstimmenden Informationen dadurch entstanden sind, daß man dasselbe in der Zukunft gesehen hat oder weil der eine telepathisch wahrgenom-men hat, was der andere gesehen hat.
Es ist auch keineswegs sicher, daß man die Zukunft nicht gesehen hat, wenn zwei oder drei etwas Verschiedenes gesehen haben, denn es könnte sich dabei um verschie-dene Aspekte der Zukunft handeln.
Auf jeden Fall wird das Bild der Zukunft reichhaltiger undetwas sicherer, wenn man zu mehreren in die Zukunft schaut.

Wie bei allen Magie-Experimenten ist es sinnvoll, sich das, was man vorhergesehen hat, zu notieren und es dann mit der Zukunft, wenn man in ihr angekommen ist, zu vergleichen.

III 2. d) Aufstellungen

Eine weitere Methode sind die Familienaufstellungen. Sie sind zwar traditionell zum Erfassen von Familienstrukturen gedacht, aber man kann mit ihnen auch die Zukunft erfassen.
Die einfachste Methode dabei ist es, einen Ort im Raum zu bestimmen, an dem der betreffende Zeitpunkt in der Zukunft stehen soll – so wie man vor dem Auslegen von Tarotkarten bestimmt, welche Bedeutung die z.B. drei Plätze haben sollen, an denen man dann eine Tarotkarte legen wird (z.B. Thema, Wurzel des Themas, weitere

Entwicklung des Themas).

Dann stellt man sich an diesen Platz und schaut, was man dort wahrnimmt. Das, was man dabei wahrnimmt, entspricht der Tarotkarte, die man beim Kartenlegen an einem bestimmten Platz umdreht. Die Wahrnehmungen bei dieser „Aufstellungs-Methode" können mit etwas Übung recht konkret und präzise werden.

III 2. e)   Ahnen und Götter

Wenn man ältere Berichte über Seher und Seherinnen studiert, wird einem auffallen, daß diese Seher und Seherinnen in vielen Fällen beim „Sehen" innerlich wie auf einer Traumreise zu den Ahnen und zu den Göttern gehen und diese nach der Zukunft befragen. Sie gehen also ins Jenseits – das hier offenbar mit dem kollektiven Unterbe-wußtsein identisch ist.

In neuerer Zeit haben die Familienaufstellungen denselben Ansatz – man spricht mit den Ahnen, um Dinge aus der Vergangenheit zu klären. Man kann sie jedoch genau-sogut nach der Zukunft befragen. Vor ca. 170 Jahren bis vor ca. 60 Jahren war auch der Spiritismus gut bekannt, in dem auf verschiedene Weisen (Quija-Brett u.ä.) mit den Ahnengeistern Kontakt aufgenommen worden ist, um von ihnen u.a. auch etwas über die Zukunft zu erfahren.

Während der Christianisierung ist in Europa die Totenbeschwörung, mit deren Hilfe man etwas von den Toten u.a. über die Zukunft erfahren wollte, arg in Verruf geraten. In der Jungsteinzeit, im Königtum und vermutlich auch schon zuvor in der Altstein-zeit ist der Kontakt zu den eigenen Ahnen jedoch die Hauptquelle für Rat und Hilfe gewesen. Der Schamanismus, der die älteste Religionsform ist, beruht zum größten Teil auf der Herstellung dieses Kontaktes zu den Ahnen.

Eine Alternative zu dem Kontakt zu den Ahnen ist der Kontakt zu den Göttern, die man ebenfalls zu der Zukunft befragen kann. Die Methode ist dabei entweder das Orakel (das symbolische Qualitäts-Antworten gibt) oder die Traumreise (die konkrete Antworten gibt).

Auch die Götter sind im Jenseits, d.h. im kollektiven Unterbewußtsein.

III 2. f)   Die generelle Wahrnehmung der Zukunft

Es gibt auch eine Möglichkeit des generellen Zugangs zu dem Wissen über die Zukunft. Dafür muß man eine bestimmte Traumreise unternehmen. Der Bereich, in dem man dabei geht, kann man als „Karma-Archiv", „Buch des Schicksals", „Sephiroth Chesed auf dem kabbalistischen Lebensbaum", „Akasha-Chronik" usw. bezeichnen.

Dieser Ort hat mehrere Eigenschaften:

- Er liegt im Jenseits.

- Er liegt im Bereich der Seelen – was mit dem Jenseits identisch ist.

- Er ist der Bereich des Überblicks im Bereich der Seelen.

- Er ist durchsichtig, d.h. man kann von ihm aus überall hin schauen und alles sehen.

- In ihm gibt es noch Abgrenzungen, aber die Abgrenzungen sind „dünn" und eben durchsichtig.

- In ihm sieht man die Dinge so wie sie sind, also ohne Verbergen und Verdrängen – man hat allerdings noch die Wahl, was man sehen will und was nicht.

- Wenn man noch einen Schritt weiter geht, kommt man an den „abgrenzungslosen Ort", der in der Kabbala „Abgrund" und „Da'ath" genannt wird und in der Mythologie als „Jenseitsbrücke" u.ä. bezeichnet wird. Hier sieht man alle Dinge und kann nicht mehr wählen, was man sieht und was nicht. Hier löst sich auch jegliche Abgrenzung auf – was das Geühl des Stürzens in einen bodenlosen Abgrund verursachen kann.

Das Wesen dieses inneren Ortes läßt sich am besten durch eine Traumreise beschreiben, die ich einmal mit meinem Freund Jörg unternommen habe, weil ich zu dem Schluß gekommen war, daß ich, um in meinem Leben zurechtkommen zu können, wissen müßte, warum sich meine Seele eigentlich entschlossen hat, in diesem Leben solch einen komischen Harry zu erschaffen.

Chesed ist ein Bereich auf dem kabbalistischen Lebensbaum, der einen der Bereiche der „Seelen-Ebene" darstellt, zu dem u.a. der „Kreis der früheren Reinkarnationen" und die „Akasha-Chronik" gehören.

Die Traumreise begann damit, daß ich in meiner Erinnerung erst in Fünfjahresschritten und dann in Jahresschritten Richtung Geburt zurückgekehrt bin und dabei Jörg gesagt habe, wo ich gerade bin. Da ich mich bereits an meine Geburt erinnern konnte, war der Weg bis dahin recht einfach. Jörg saß in diesem Teil unseres Experiments nur neben mir und sah lediglich vereinzelte, flüchtige Bilder von meinem Leben und fühlte sich eher außenvor.

Zunächst war die Wahrnehmung aus der Zeit vor meiner Geburt so, wie man sie sich auch vorstellen würde: gedämpftes Licht, warm, schwerelos, kein eigenes Atmen, Essen oder Trinken – eher Ruhen und Warten.

Beim Erreichen des Zeitpunktes von 4 Wochen nach der Zeugung änderte sich die Wahrnehmung: Ich war ein Bewußtsein und habe gesehen, daß ich eine (Lebenskraft-)Kugel war, die nach allen Seiten hin ca. 10cm über den Bauch meiner Mutter hinausragte.

Bei 3 Wochen nach der Zeugung war diese Kugel deutlich größer (Durchmesser ca. 1,5 m) und die Kugel schien um ihren Mittelpunkt zu kreisen, der im Unterleib meiner Mutter verankert war.

Bei 2 Wochen nach meiner Zeugung war diese Kugel noch größer (Durchmesser ca. 4m) und mein Bewußtsein befand sich wie eine Kugel innerhalb dieser Kugel auf einer Umlaufbahn, wodurch sich eine Art Wirbel ergab.

(Diese Kugel kann man manchmal bei Frauen spüren, die in den ersten drei Wochen schwanger sind.)

1 Woche nach meiner Zeugung war dieser Zustand in etwa genausogroß, nur fühlte sich die Verankerung noch sehr lose an. Zum Zeitpunkt meiner Zeugung befand ich mich in der Nähe meiner Eltern und konnte ihre Gefühle wahrnehmen. Ich habe mich kurz gefragt, ob das jetzt nicht ziemlich indiskret ist, aber da ich ja in gewisser Weise die Hauptperson bei diesem Ereignis war, beschloß ich, daß es o.k. ist, wenn ich mir das anschaue.

Als ich dann vor meine Zeugung zurückgekehrt bin, sah ich meine Seele in sich versunken in einer schweren, ernsten, fast gedrückten Stimmung und ich habe mich gefragt, ob sich alle Seelen kurz vor der Zeugung ihres zukünftigen Körpers so fühlen. Ich hatte nun das Gefühl, daß Jörg jetzt neben mich kommen könnte, da ich mich nun außerhalb meiner Erinnerungen als Harry befand und wir nun in dem uns vertrauten Bereich der Traumreise waren.

Ich frug Jörg danach und als er einverstanden war, sandte ich einen Lichtstrahl von mir zu ihm, um den Weg zu mir zu markieren. Als der Lichtstrahl bei ihm ankam, hatte ich das Gefühl, ich solle ihm entlang des Lichtstrahles meine Hand reichen (nur in der Vision, nicht mit meiner materiellen Hand) und ihn zu mir herüberziehen. Bei diesem Herübergezogenwerden hatte Jörg das Gefühl, durch mehrere Seiten des Ägyptischen Totenbuches gezogen zu werden.

Als er dann neben mir angekommen war, betrachteten wir meine Seele und Jörg wies mich darauf hin, daß die Seele hier vor einem Platz sitzt, der wie eine Arena wirkt. Auf unsere Fragen an die Arena nach ihrem Wesen erhielt Jörg die Antwort 'Vorbereitung' und ich 'Platz des Schweigens' – also ein Platz der schweigenden Vorbereitung der Seele(-n?) auf ihre nächste Inkarnation.

Auf meine Frage an den 'Platz des Schweigens', wo ich Informationen über meinen Entschluß zu diesem Leben erhalten könnte, wurde ich von ihm zu einem Ort weit hinter mir verwiesen. Jörg und ich drehten uns um und flogen dorthin. Ich sah eine große, runde Kugel, deren Oberfläche große Schlieren hatte, wie von einer langsam fließenden Flüssigkeit.

„Apatschenträne", sagte Jörg (=Rauchobsidian).

„Paßt gut," entgegnete ich, „in der Steinheilkunde ist der Rauchobsidian der Stein, der einen zu dem zurückbringt, was man ursprünglich einmal gewollt hat. Und die Schlieren in der Kugeloberfläche haben wirklich Ähnlichkeit mit der fließenden Lava, aus der der Rauchobsidian ja entsteht. – Schau mal, da ist ein Raum innen in der Kugel und eine Art Sitz. Ich gehe mal hinein."

„Ich bleibe draußen – der Ort ist nicht für mich zugelassen."

„Ja, das fühle ich auch so."

Auf dem Sitz fühlte ich wieder die Schwere im 'Gemüt' der Seele, die ich auch schon an dem 'Platz des Schweigens' in ihr gespürt hatte. Als ich mich mit meiner Seele vereint hatte und dort in der Kugel auf dem Sitz saß, konnte ich mein Bewußtsein nur nach vorne auf die kommende Inkarnation richten – offenbar war meine Seele ausschließlich mit dem Entschluß für diese Inkarnation beschäftigt. Es gelang mir nicht, konkretere Informationen von ihr über den Grund für dieses kommende (mein jetziges) Leben zu erhalten. Auf meine Frage an meine Seele erschien aber links hinter mir eine Art von Lichtstrahlen, die zu der von mir erwünschten Information hinwiesen.

„Wir müssen noch weiter, Jörg, hier gibt es die Informationen noch nicht."

Wir flogen auf die Quelle dieses Lichtes zu und waren überrascht, ein riesiges, weißstrahlendes Gebäude zu sehen, in dem und vor dem es nur so von ebenfalls weißstrahlenden Menschen wimmelte. Das turmartige Gebäude war weit größer als alles, was es bisher an von Menschen errichteten Gebäuden gibt. Als wir das Gebäude betreten wollten, spürten wir, daß das für uns verboten ist.

„Nur Tote dürfen das Haus betreten," sagte Jörg, „es sei denn, man erfüllt bestimmte Bedingungen."

„Welche Bedingungen?"

„Weiß ich nicht."

„Wen sollen wir fragen? Den Pförtner des Hauses?"

„Ja, das habe ich auch gerade gedacht."

Vor dem Pförtner-Fenster war ein großes Menschengedränge und es dauerte eine Weile, bis ich zu dem Fenster gelangte und dem Pförtner meine Frage stellen konnte.

„Die Bedingung ist, daß jeder Lebende, der den Grund für seine Inkarnation erfährt, seiner Wahrheit folgen muß."

Als ich Jörg diese Antwort mitteilte, stimmte er mir zu. „Ich habe als Antwort erhalten, daß nach dem Betreten dieses Hauses die Rest-Freiheit, die man aufgrund seiner Unwissenheit hat, verschwindet und man an seinen Entschluß gebunden ist."

Nach kurzem Überlegen beschloß ich, diese Bedingung anzunehmen und teilte dies dem Pförtner mit, woraufhin ich in das Haus eintreten konnte. Jörg sagte mir, er müsse außen bleiben, könne aber in das Gebäude hineinsehen, da wir auf unserer früheren Chesed-Reise schon einmal in diesem Gebäude, das damals etwas anders ausgesehen hatte, gewesen sind.

„Es ist schon seltsam, wieviele 'Tote' es gibt – das macht man sich normalerweise garnicht so klar ... und sie sehen lebendiger aus als die Lebenden." meinte Jörg.

In dem Gebäude waren ebenfalls sehr viele weißstrahlende Menschen. Ich wünschte mich in dem Gebäude an den richtigen Ort und gelangte in einen großen, hohen, länglichen Raum, der an eine gotische Kirche erinnerte. In diesem Raum befand sich im mittleren Drittel (von der Höhe her gesehen) sehr viel Angst. Als ich die Stirnwand des Raumes betrachtete, erschien dort ein großes Bild, wodurch der Raum wie ein Kino wirkte, auf dem ich eine Landschaft vorbeiziehen sehen konnte, die mir bekannt vorkam. Dann kam eine Szene, in der ich meinen Tod in einem meiner früheren Leben, von dem ich bereits einige Visionen gehabt hatte, sehen konnte.

„Schau mal an die Wände", sagte Jörg, „dort sind Gesichter."

Als ich an den Seitenwänden emporblickte, sah ich auch diese Gesichter und ich erkannte sie als meine früheren Inkarnationen, die ich z.T. auf früheren Reisen schon gesehen hatte.

Als ich sie betrachtete und dachte, wieviel Angst hier ist, korrigierte mich eines der Gesichter: „Angst, Gier und Haß!"

(Das sind die drei Dinge, die Buddha zufolge das Leid erschaffen.)

Etwas ratlos schaute ich mich um.

„Dieser Raum ist nicht nur ein 'Kino', sondern auch eine Bibliothek", meinte Jörg.

Als ich überlegte, wo ich in diesem Raum die Informationen über die Absicht meiner Seele für mein jetziges Leben finden könnte, spürte ich vorne über dem Raum ein großes, helles, weißes Licht, das auch Jörg im oberen Drittel des Gebäudes strahlen sehen konnte und dessen Namen ich spontan als 'Weisheit' erkannte. Das Sprechen mit diesem Licht war sehr einfach und die Antworten kamen sehr klar. Ich wünschte mich hinüber zu diesem Licht.

Von außen betrachtet wirkte es fast endlos, von innen her (als ich mich mit dem Licht verbunden hatte), waren seine Grenzen deutlich zu erkennen. Es hatte keine innere Struktur, lediglich diese äußere Grenze, die man aber von außen her fast nicht erkennen konnte.

Ich meinte zu Jörg: „Ich glaube dieses Licht ist die höchste Form, die ein Lebewesen annehmen kann, das noch abgegrenzt ist."

Als ich dieses Licht nach der gewünschten Information frug, zeigte es mir eine Stelle an der Wand des Raumes, in dem wir uns befanden.

„Dahinter liegt das Wissen, die Kenntnis Deines ganzen Lebens."

„Wenn ich die Absicht für mein jetziges Leben erfahren will, bedeutet das, daß ich den gesamten Verlauf meines jetzigen Lebens erfahren werde?"

„Ja."

„Hm, ich glaube, ich überlege mir das noch eine Weile – das möchte ich lieber nicht überstürzen."

Ich bedankte mich und ging wieder hinaus zu Jörg und sagte zu ihm: „Den gesamte Verlauf meines Lebens zu kennen ist ja schon recht merkwürdig – das verändert vollständig die Perspektive."

„Ja, dann verschwindet die Freiheit, so wie der Pförtner es gesagt hat."

„Sie verschiebt sich eher von der Ebene meiner Psyche auf die Ebene meiner Seele."

„Aus der scheinbaren Freiheit oder begrenzten Freiheit während des Lebens wird dann die Freiheit des Entschlusses zu diesem Leben."

„Nun, dazu paßt es auch, daß man durch diese Kenntnis zur Treue zur eigenen Wahrheit verpflichtet wird."

„Gibt es hier noch etwas Wichtiges zu tun, bevor wir zurückkehren? – Ich glaube, da vorne links ist etwas, wo wir noch einmal hinsollten."

Wir kamen zu einem Art Teich oder Brunnen, der von einer gut kniehohen Mauer umgeben war und in dessen Mitte sich eine weitere kleine, kreisrunde Mauer befand.

Ich frug: „Wie heißt der Ort?"

Ich sagte Jörg, was ich gehört habe: „Ich bekomme als Antwort 'See der Erinnerungen'."

„Was sollen wir hier?"

„Die Hand hineinhalten oder davon trinken."

„Eine Münze hineinwerfen."

„Es scheint also um eine symbolische Kontaktaufnahme zu gehen. Und es scheint wichtig zu sein, daß nicht nur einer von uns, sondern daß wir beide den Kontakt aufnehmen."

Also beugten wir uns beide über das Wasser und nahmen Kontakt auf. Ich sah einen Drachen im chinesischen Stil und Jörg Kriegsszenen. Als wir uns darüber austauschten, wechselten die beiden Szenerien zwischen uns.

(Wir schienen also wieder in Geburah zu sein, d.h. in dem 'Mars-Bereich', in dem ich zuvor in der 'Lavakugel' gesessen hatte.)

Ich sagte zu Jörg: „Da es für uns beide wichtig zu sein scheint, laß uns hineingehen."

„Na, gut."

Die Szene wurde sofort deutlicher und wir standen vor einem Drachen, der uns in sein Feuer hüllte.

(Einen ähnlichen Drachen kannten wir schon von einer früheren Traumreise nach Geburah.)

„Das Feuer bedeutet einen Segen mit Stärke, Jörg."

Ich legte eine Hand auf die Schuppen des Drachen und fühlte die glattgescheuerte,

40

glänzende Hornschuppe und die länglichen Erhöhungen und Grate auf ihr und sagte verwundert: „Komisch, ich habe noch nie einen Drachen angefaßt."

Dann mußte ich fast lachen, als mir bewußt wurde, was ich da gesagt hatte.

Nach einer Weile kehrten wir dann nach oben vor den Brunnen zurück. Dort spürten wir, daß es wichtig ist, in diesem Fall genaudenselben Weg zurückzukehren, den wir gekommen waren.

Was wir dann auch taten.

Das Wesen, dem ich auf dieser Traumreise an dem 'Platz des Schweigens' und in der 'Lavakugel' begegnet bin und daß ich „Seele" genannt habe, ist eigentlich die Vorbereitung meiner derzeitigen Inkarnation gewesen. Meine Seele ist das Licht in dem großen Gebäude gewesen.

Der Saal der Erinnerungen an die früheren Inkarnationen ist eine detailreiche Variante des Erlebnisses, das bisweilen auf der Reise zur eigenen Mitte auftritt: Die Menschen, die ihre eigene Seele gefunden haben, gehen danach manchmal noch weiter, bis sie zu einem Kreis von „leuchtenden Menschen" kommen, die dem Traumreisenden wie Brüder und Schwestern erscheinen – wobei diesen Traumreisenden nur in den seltensten Fällen sofort deutlich wird, daß dies die Gestalten ihrer eigenen früheren Inkarnationen sind.

Diese Traumreise hat mich darin bestätigt, diesen „Kreis von leuchtenden Geschwistern" als meine früheren Inkarnationen anzusehen.

III 2. g)   Die Empfindung des Zukunftsschauens

Das „in die Zukunft schauen" fühlt sich an wie Erinnern – nur in die andere Richtung – also sozusagen ein „Erinnern an die Zukunft". Diese Identität der Empfindung bestätigt, daß es die Zukunft schon genauso gibt wie die Vergangenheit – beides läßt sich ja auch mithilfe der Astrologie auf dieselbe Weise beschrieben.

Das „in die Zukunft schauen" ist auch mit derselben Empfindung verbunden wie die Telepathie: Es ist ein suchendes inneres Schauen und Tasten. Man weiß, wo man hin will und richtet seine Aufmerksamkeit auf diesen Ort bzw. auf dieses Thema. Die Zukunftsschau ist anscheinend wirklich eine „zeitliche Telepathie".

Wenn man nicht aus eigener Initiative in die Zukunft schaut, sondern sich die Zukunft einem plötzlich bewußt macht wie in einem Wahrtraum oder in einer Vision, ist dies wie ein plötzlicher Einfall, eine plötzliche Erinnerung, eine unerwartete Eingebung.

Auch das fühlt sich eigentlich „ganz normal" an. Daher ist es anfangs nicht so einfach, das Wahrgenommene als die Zukunft zu erkennen – man kann es leicht für Hirngespinste und Phantasieprodukte halten.

Bei der „räumlichen Telepathie" hilft es in einem solchen Fall, zu schauen, ob man von dem, was da so unerwartet in einem aufgetaucht ist, die Wurzeln sehen kann, d.h. den vorigen Schritt der Gedanken oder die Vorstufe zu dem Bild, das man auf einmal gesehen hat. Wenn es ein inneres Bild ist, was man da wahrgenommen hat, kann man seine Wurzeln finden; wenn es jedoch isoliert und ohne Zusammenhänge in einem steht, ist es telepathisch zu einem gekommen.

Denselben Unterschied gibt es auch bei der „zeitlichen Telepathie", also bei der Zukunftsschau. Wenn man die Wurzeln des Bildes nicht sehen kann und es vielleicht völlig absurd findet, ist die Wahrscheinlichkeit hoch, daß es sich tatsächlich um eine Zukunftsschau handelt. Das bedeutet natürlich nicht, daß die Dinge, die einem plausibel erscheinen, aus einem selber stammen müssen – das Unterscheidungskriterium ist, ob man in sich die Quelle des Bildes sehen oder spüren kann.

III 3.   Wie fest ist die Zeit?

Der wohl häufigste Diskussionspunkt bei dem Thema „Zukunftsschau" ist die Frage, ob die Zukunft bereits unveränderlich festliegt oder nicht. Die Tatsache, daß man bereits heute das Horoskop für einen Menschen, der an einem bestimmten Datum in der Zukunft geboren wird, ausrechnen und deuten kann, sowie Wahrträume suggerieren ja deutlich, daß die Zukunft bereits feststeht.

Die Antwort auf diese Frage trifft in das Zentrum des menschlichen Selbstverständnisses: Sind wir frei oder vollständig determiniert?

III 3. a)   Mensch und Welt

Zunächst einmal kann man feststellen, daß der Mensch auch dann, wenn bereits alles festliegen sollte, einen freien Willen hat. Dieser freie Wille wäre dann lediglich ein Teil von dem, was bereits festliegt – das, was der Mensch frei entscheidet, hat seine Wurzeln in der Psyche des Betreffenden. Aus dieser Sicht wäre Freiheit die subjektive Perspektive („Ich tue, was ich will!") und Determiniertheit die objektive Perspektive („Alles, was jemand entscheidet, liegt in diesem Menschen begründet."). Im ersten Fall sieht der Einzelne, daß er so entscheidet, wie er es aus seinem Inneren heraus will (also frei ist), im zweiten Fall sieht man von außen her, daß die innere Entscheidung des Einzelnen seine Ursachen in ihm selber hat (also in seiner Entscheidung festgelegt ist).

Anders sieht es mit der Umsetzbarkeit der Entscheidungen aus – der Mensch ist nicht allmächtig. Er ist jedoch ein Teil des Ganzen und bestimmt die Entwicklung des Ganzen mit. Der Einzelne ist ein Teil des Flusses der Ereignisse, nicht nur ein wirkungsloser Spielball, der lediglich von den anderen Spielbällen hin- und hergeworfen wird. Allerdings sind in diesem Spiel sehr viele Bälle, was die Wirksamkeit des eigenen Spielballs einschränkt …

Wenn man von einem „Standpunkt in der Zeit" aus auf das Geschehen schaut, sieht man, daß ständig jemand etwas entscheidet und überall etwas geschieht, wodurch ständig unvorhersehbare Entwicklungen in Gang kommen. Wenn man von einem „zeitlosen Standpunkt" aus auf das Geschehen schaut, sieht man das Ganze, den Ablauf der Dinge – wenn es an dem Standpunkt, von dem aus man schaut, keine Zeit gibt, sind die Dinge statisch und fest: Die Dinge verlaufen so, wie sie verlaufen …

Von „außerhalb der Zeit" gesehen blickt man auf eine Perlenkette und kann sie als Ganzes betrachten – von „in der Zeit" aus gesehen springt man von einer Perle zur Nächsten und weiß nicht, was als nächstes kommt.

III 3. b)   Freiheit und Kausalität

Die Frage „Liegt schon alles fest oder ist es veränderbar?" ist damit jedoch noch nicht entschieden. Wenn die Vielheit der Materie lediglich träge, aber nicht eindeutig determiniert und kausal vollständig festgelegt ist, und zudem die Einheit des Bewußtseins frei ist und daher in die Trägheit der Materie eingreifen und sie kreativ mitgestalten kann, gibt es keine eindeutige Antwort: Die Menschen, Wesen und Dinge in der Welt sind weder vollkommen frei noch vollkommen festgelegt.

Es hängt von der Eigenständigkeit des Bewußtseins ab, wieviel Einfluß es nehmen kann.

Wenn man diese Aussage genauer betrachtet, zeigt sich, daß die Frage nach dem Wesen der Zeit noch immer unbeantwortet bleibt. Die Magie ermöglicht eine größere Übersicht über die eigene Situation und eine größere Kontrolle dieser Situation – der Einfluß und die Wirksamkeit der eigenen Entscheidungen läßt sich durch die Magie bedeutend steigern. Doch liegt diese Steigerung nicht in dem betreffenden Menschen begründet? Ist nicht auch sie kausal entstanden? Liegt sie daher nicht auch bereits fest?

Vermutlich hat die Freiheit (mindestens) drei Aspekte:

1. Jeder ist ein wirksamer Teil der Welt und gestaltet die Welt daher seinen eigenen Vorlieben entsprechend mit. Diese Wirksamkeit und daher auch die Qualität der Früchte der eigenen Freiheit steigen mit der wachsenden Klarheit, Eigenständigkeit und Unabhängigkeit des eigenen Bewußtseins.

2. Durch die Magie kann man die Wirksamkeit der eigenen Entscheidungen deutlich steigern, was zwar nicht zu einer Allmacht führt, aber doch eine vorher nicht gekannte Wirksamkeit der eigenen Entscheidungen ermöglicht.

3. Die Kausalität der Materie ist nicht absolut, sondern nur groß – die Materie ist „träge". Wenn das Bewußtsein jedoch klar genug auf ein Ziel ausgerichtet ist, entsteht Magie, die bis hin zu Materialisierungen führen kann. Aufgrund der Freiheit des Bewußtseins und der Trägheit der Materie gibt es weder eine absolute Freiheit noch eine absolute Determiniertheit, sondern den kreativen Einfluß des Bewußtseins.

Die Frage, ob schon alles festliegt oder ab man selber frei ist, ist eigentlich die Frage, ob man in seinem Bewußtsein etwas entscheiden und dies dann auch umsetzen kann. Hier ist es dann die Frage, wie man das definiert hat, nach dessen Freiheit man sucht: Ist es das Bewußtsein? Das Wachbewußtsein? Oder das Wachbewußtsein zusammen mit dem Unterbewußtsein? Oder die Seele? Oder das Alltags-Ich? Oder die Kombination aus Wachbewußtsein, Unterbewußtsein, Tiefschlafbewußtsein und

Ekstase-Zustand?

Schon diese Vielfalt der Möglichkeiten zeigt, daß es da im Menschen nicht den einen „Punkt" gibt, der frei oder nicht frei sein könnte – dazu ist das Ganze zu komplex. Zudem hat jeder Bestandteil der menschlichen Psyche auch noch eine Vorgeschichte, d.h. er ist kausal entstanden.

Wenn man möchte, kann man auch noch die Frage stellen, ob man sich eigentlich selber für das eigene Horoskop entschieden hat … Da die Psyche vor der eigenen Zeugung noch garnicht existiert hat, kann sie sich wohl kaum für das eigene Horoskop entschieden haben – das könnte lediglich die eigene Seele getan haben. Oder ist das Horoskop lediglich ein äußerer Einfluß? Das wäre dann jedoch ein äußerer Einfluß, der vollständig das eigene Wesen geprägt hat und mit dem man sich vollständig identifiziert hat …

Die Frage nach der persönlichen Freiheit läßt sich nicht einfach beantworten. Man kann entscheiden, man hat Einfluß auf das Geschehen, aber man ist auch aus dem Vergangenen heraus entstanden und der eigene Einfluß ist begrenzt. Zudem hat auch noch das Bewußtsein die Möglichkeit, direkten Einfluß auf die Ereignisse zu nehmen (Magie), was jedoch nicht bedeutet, daß jeder Menschen frei ist, sondern nur, daß sein Einfluß größer ist, als es in der heutigen Kultur meistens angenommen wird.

Die Frage nach der Freiheit ist letztlich vor allem die Frage „Kann ich etwas beschließen und es dann auch durchführen? Oder liegt schon alles fest und ich brauche es erst garnicht zu versuchen?"

Diese Fragestellung ist ein Trugschluß. Dadurch, daß man intensiv nach dem strebt, was man erreichen will, kann man das Bestmögliche erreichen. Es liegt vermutlich schon fest, was man erreichen kann – aber das tut es nur von außen her von einem objektiven „Standpunkt außerhalb der Zeit" aus gesehen. Von dem subjektiven „Standpunkt innerhalb der Zeit" aus gesehen hat jeder Entschluß auch eine Wirkung – man gestaltet also sein eigenes Leben.

Da diese Überlegungen letztlich dazu dienen, das Wesen der Zukunftsschau besser zu verstehen, kann man zumindest sagen, daß es keinen deutlich erkennbaren Grund für die Annahme gibt, daß der Verlauf der Ereignisse nicht schon vollständig festliegen könnte.

Allerdings kann es in diesem festliegenden Verlauf der Ereignisse magische Einflußnahmen geben, die der „normalen Kausalität" widersprechen. Das bedeutet jedoch nur, daß man das Bild der Ursachen und Wirkungen in diesem festliegenden Fluß der Dinge um die magischen Zusammenhänge erweitern muß. Die Existenz der Magie widerlegt jedoch nicht die Annahme, daß die Entwicklung der Ereignisse bereits vollständig festliegt.

III 3. c)   Die Perspektive der Seele

Die Traumreise zu meiner Seele, die ich in einem früheren Kapitel angeführt habe, zeigt, daß die Seele und die Psyche zwei verschiedene Blickwinkel auf die Welt und auch auf die derzeitige Inkarnation haben. Die folgenden Betrachtungen setzen natürlich voraus, daß man von der Existenz einer Seele ausgeht – was ich hier nicht näher betrachten will.

Die Seele existiert schon vor der eigenen Zeugung und existiert auch noch nach dem eigenen Tod. Für sie ist eine Zeugung daher in etwa dasselbe wie für die Psyche eines Menschen das morgendliche Erwachen – der Tod ist für sie in etwa dasselbe wie das abendliche Einschlafen. So wie ein Mensch durch seine Erinnerung mühelos mehrere Tage miteinander verknüpfen kann, so hat die Seele auch den Überblick über ihre aufeinanderfolgenden Inkarnationen.

Wenn die Seele sich für eine Inkarnation entscheidet, scheint sie den gesamten Verlauf dieser Inkarnation zu kennen – zumindestens hat sie mir auf meiner Traumreise angeboten, mir den Rest meines Lebens zu zeigen. Da man sogar von der Psyche aus in die Zukunft schauen kann, sollte man annehmen können, daß die Seele, die ja näher an der Einheit des Bewußtseins ist als die Psyche, noch deutlich mehr von der Zukunft wahrnehmen kann.

Es wäre also naheliegend, daß man zu der eigenen Seele geht, wenn man etwas über die Zukunft erfahren will – insbesondere, wenn es sich um die eigene Zukunft handelt.

Die Psyche strebt danach, die Entscheidungen zu treffen, die zu den für sie angenehmsten Situationen führt. Wonach strebt jedoch die Seele, wenn sie doch die vor ihr liegende Inkarnation selber beschlossen hat und bereits alle Ereignisse in dieser Inkarnation kennt? Die Gestaltung dieser Inkarnation kann es nicht sein, wonach die Seele strebt, da sie diese Inkarnation je bereits ausgewählt und gestaltet hat und vollständig kennt. Es kann ihr also nur um das konkrete Erleben dessen gehen, was sie sozusagen abstrakt beschlossen hat.

Die Psyche, die sich weitestgehend „in der Zeit" befindet, versucht, „in der Zeit" den bestmöglichen Weg einzuschlagen. Die Seele, die sich zumindestens teilweise „außerhalb der Zeit" befindet, kennt bereits alle Ereignisse und will sie lediglich noch erleben. Daraus ergibt sich eine Arbeitsteilung zwischen Psyche und Seele:

  - Die Seele plant und beschließt; die Psyche erlebt.

  - Die Seele ist der Unternehmer; die Psyche ist der Geschäftsführer.

  - Die Seele braucht die Psyche, um ihre Beschlüsse erleben zu können; die Psyche braucht die Seele, um Orientierung zu erhalten.

- Die Seele hat den gelassenen Blick von „außerhalb der Zeit"; die Psyche hat den Blick des intensiven Erlebens der Ereignisse „in der Zeit".

Das Sehen der Zukunft hat offenbar auch viel mit dem Kontakt zu der eigenen Seele zu tun – oder mit dem Kontakt zu den Seelen von anderen, deren Zukunft man zu erkennen versucht.

III 3. d)   Das Haus des Bewußtseins

Das „Schauen in die Zukunft" ist etwas, was man mit seinem Bewußtsein macht. Es könnte also hilfreich sein, die verschiedenen Aspekte des Bewußtseins näher zu betrachten.

Zunächst einmal ist da das Wachbewußtsein, also der Teil des Bewußtseins, der gerade diese Worte liest. Im Wachbewußtsein sind stets die Informationen, die gebraucht werden, um in der augenblicklichen Situation eine sinnvolle Entscheidung zu treffen. Das Wachbewußtsein ist also so etwas wie ein „Büro für die aktuellen Vorgänge".

Dann gibt es das Unterbewußtsein, das man Nachts beim Träumen erleben kann oder auch in Meditationen, auf Traumreisen, in Visionen, bei Halluzinationen usw. In dem Unterbewußtsein sind alle Erinnerungen, alle inneren Regungen und alle sonstigen Bilder der Psyche enthalten. Sie stehen gleichberechtigt in ihr – wie u.a. die Träume zeigen, die ja keine moralische oder sonstige Auswahl treffen. Das Unterbewußtsein ist wie ein großes Archiv, in dem alles abgelegt und gespeichert wird, was man jemals erlebt, gedacht und gefühlt hat. Wie u.a. Traumreisen und die Möglichkeit des Erinnerns zeigen, ist dieses Archiv gut sortiert, sodaß man in ihm alles finden kann.

Zwischen dem Büro und dem Archiv gibt es einen Tür, durch die die Informationen aus dem Archiv in das Büro gelangen können, weil das Archiv sie in der augenblicklichen Situation für wichtig hält (Eingebungen, Einfälle, plötzliche Erinnerungen, Assoziationen usw.) oder weil das Büro diese Informationen aus dem Archiv angefordert hat (Erinnern, Traumreise, Meditation usw.).

Auf dem Schreibtisch in dem Büro steht eine Schreibtischlampe, die mit einem Spotlight besonders wichtige Dinge hervorheben kann. Wenn dieses Licht angeschaltet wird, konzentriert sich das Bewußtsein auf eine einzige Sache – dies ist der einsgerichtete Ekstase-Zustand. Der Grund dafür, diese

„Ekstase-Lampe" einzuschalten, können, Angst, Sucht, Lust oder bewußte Konzentration sowie Meditation sein.

Schließlich gibt es noch das Haus, in dem sich das Büro, das Archiv und die Schreibtischlampe befinden. Dieses „Haus-Bewußtsein" ist das Tiefschlaf-Bewußtsein, das man in der Meditation als innere Stille erleben kann. Dies ist das „Bewußtsein an sich", in dem sich keine Bewußtseinsinhalte befinden.

Nun gibt es in der Welt mehr als nur einen einzigen Menschen, d.h. es gibt viele „Häuser des Bewußtseins" mit jeweils einem Archiv, einem Büro und einer Schreibtischlampe in ihnen.

Zwischen dem Wachbewußtseinen der Menschen („Büros") gibt es den bewußten Austausch z.B. im Gespräch.

Zwischen den Unterbewußtseinen der Menschen („Archive") gibt es telepathische Verbindungen. Dadurch entsteht das kollektive Unterbewußtsein, das sozusagen ein „Gesamt-Archiv" der Erfahrungen der Menschen ist, in dem auch die Erinnerungen der Menschen bewahrt werden, die in früheren Zeiten gelebt haben.

Das Ekstase-Bewußtsein erlebt jeder für sich, obwohl natürlich zwei Menschen gleichzeitig in Ekstase sein können – z.B. beim Sex oder in einem Kampf auf Leben und Tod oder auch in der Meditation.

Dann gibt es noch die vielen „Häuser des Bewußtseins", deren stilles Bewußtsein ohne Inhalte gemeinsam die „Stadt des Bewußtseins" bildet. Vermutlich ist dieses stille Bewußtsein ohne Inhalte das „Bewußtsein an sich", das allem Bewußtsein zugrundeliegt.

Die Formen des Bewußtseins			
Bewußtsein	*Inhalte*	*Bild*	*kollektives Bewußtsein*
Tiefschlaf (Stille)	keiner	Haus	das Bewußtsein an sich
Unterbewußtsein (Traum)	alle	Archiv	kollektives Unterbewußtsein
Wachbewußtsein	die im Augenblick wichtigen	Büro	Gespräch
Ekstase-Bewußtsein	einer	Schreibtischlampe (Spotlight)	evtl. gleichzeitig, aber nicht gemeinsam

Die verschiedenen Formen der Meditation sind Kombinationen von zwei oder mehr Formen des Bewußtseins. Dabei ist stets das Wachbewußtsein mit dabei, da die Meditation ein wachbewußter Vorgang ist. Nach dieser Definition ist z.B. der Zustand der Hypnose keine Meditation, weil dabei das Wachbewußtsein ausgeschaltet worden ist.

Wachbewußtsein + Unterbewußtsein = Traumreisen u.ä.

Wachbewußtsein + Tiefschlaf-Bewußtsein = Stille-Meditation

Wachbewußtsein + Ekstase-Bewußtsein = Tantra

Beim „Schauen in die Zukunft" gebt es um gezielt gesuchte Bilder außerhalb des Wachbewußtseins. Dafür wird offenbar die Kombination „Wachbewußtsein + Unterbewußtsein" gebraucht, also eine Form der Traumreise.

Bei der Kombination „Wachbewußtsein + Tiefschlaf-Bewußtsein" fehlen die Bewußtseinsinhalte – und das Wissen über die Zukunft besteht ja in Informationen, also in Bewußtseinsinhalten.

Bei der Kombination „Wachbewußtsein + Ekstase-Bewußtsein" reduziert sich die Aufmerksamkeit auf einen einzigen Bewußtseinsinhalt, was für die Zukunftsschau ebenfalls ungeeignet ist – die Ekstase-Meditation ist keine Suche, sondern eine einsgerichtete Konzentration.

Die bisherige Annahme, daß die Zukunftsschau eine „sich in der Zeit bewegende Traumreise", also „zeitliche Telepathie" ist, ist also recht plausibel.

III 3. e)   Die Chakren

Man könnte vermuten, daß die Chakren eine Rolle bei der Zukunftsschau spielen – der Chakra-Name „Drittes Auge" klingt ja schon danach, als ob man mit ihm in die Ferne und in die Zukunft sehen könnte. Da man für Telepathie und für Traumreisen jedoch nicht extra sein Drittes Auge „anschalten" muß, braucht man die Chakren bei der Zukunftsschau offenbar nicht gesondert zu berücksichtigen.

Die Chakren haben (sehr kurz gefaßt) die folgenden Eigenschaften:

Das Herzchakra ist der „Tempel der Seele", in dem sich die eigene Identität befindet – dieses Chakra entspricht dem Tiefschlafbewußtsein.

Die beiden Chakren, die dem Unterbewußtsein entsprechen, sind das Sonnengeflecht und das Halschakra. Sie sollten daher auch bei Träumen,

Traumreisen, Telepathie und Telekinese besonders aktiv sein. Dazu paßt, daß vom Sonnengeflecht aus Lebenskraft-Fäden („Silberschnüre") zu anderen Menschen gehen und eine telepathische Verbindung herstellen, durch die auch Lebenskraft fließen kann. Diese Lebenskraft-Fäden kann man auch in der Magie vielseitig einsetzen.

Man könnte also damit experimentieren, ob die Imagination eines solchen Fadens zu der Situation in der Zukunft, die man sehen will, hilfreich ist.

Hara und Drittes Auge sind mit dem Wachbewußtsein verbunden. Da das Wachbewußtsein nur bereits bekannte Informationen enthält bzw. sie neu kombiniert und auf die augenblickliche Situation anwendet, werden diese beiden Chakren bei der Zukunftsschau keine zentrale Rolle spielen.

Das Wurzelchakra und das Scheitelchakra gehören zu dem einsgerichteten Ekstase-Bewußtsein, also zu dem Erleben des Hier und Jetzt. Da sich die Zukunft eben nicht im Hier und Jetzt befindet, werden auch diese beiden Chakren bei der Zukunftsschau höchstens eine Nebenrolle einnehmen.

III 4. Die Risiken der Zukunftsschau

Was geschieht, wenn man die Zukunft gesehen hat? Man kennt sie oder man erzählt sie anderen, die sie dann kennen. Dann ändern sie evtl. ihr Verhalten und erleben etwas anderes, als wenn sie ihr Verhalten nicht aufgrund der Seher-Prophezeiung verändert hätten. Somit trägt der Seher bzw. die Seherin einen Teil der Verantwortung für das Erleben der Menschen, denen er bzw. sie etwas vorhersagt.

Zunächst einmal ist das ja ganz normal – das geschieht in jedem Gespräch und in jeder Begegnung.

Doch was ist, wenn es um existentielle Fragen geht: „Wird mich dieses oder jenes Verhalten vor dem Sterben an meiner Krankheit bewahren?" – „Soll ich das Risiko eingehen, Corona zu bekommen oder bin ich sicher davor?" – „Soll ich mit meinem Freund zusammenbleiben oder wird unser Verhältnis niemals besser werden?"

Läßt derjenige, der die eigene Prophezeiung hört, in seinem Streben nach und gibt er auf – und erlebt deshalb das Desaster, das man vorhergesehen und ihm prophezeit hat?

Oder wird der, der die Prophezeiung gehört hat, leichtsinnig und erreicht deshalb nicht den guten Zustand, den man vorhergesehen hat?

Und: Sagt man immer alles, was man gesehen hat, oder läßt man manches fort oder beschönigt es?

Kann man die Wahrnehmung der Zukunft sicher von dem eigenen Denken und Fühlen unterscheiden oder mischen sich Gefühle und Wünsche in die Wahrnehmungen mit ein?

Und was macht man, wenn man den Verlauf eines ganzen Lebens vorhersieht?

Das sind alles Fragen, die man nicht generell beantworten kann, sondern zu denen nur jeder selber einen eigenen Standpunkt finden kann. Die Antworten auf diese Fragen hängen sehr stark von dem eigenen Menschenbild und Weltbild ab.

Für einen Menschen mit einem sehr starken Hara, der unbekümmert egoistisch lebt, ist es kein Problem, was die anderen aus seinen Prophezeiungen machen. Für einen Menschen mit einem sehr starken Dritten Auge, der vor allem nach dem Wohlergehen der anderen schaut, sind die Konsequenzen des eigenen Handelns für die anderen ein wichtiges Thema – einschließlich der Wirkung der eigenen Prophezeiungen.

III 5.   Der Nutzen der Zukunftsschau

Was kann der Nutzen der Zukunftsschau sein, wenn die Zukunft doch schon festliegt?

Ein fähiger Seher oder eine fähige Seherin kann Gefahren und Möglichkeiten in der Zukunft sehen und dadurch der Gemeinschaft, zu der sie gehören, helfen, sinnvolle Entscheidungen zu treffen. Das Vorhersehen einer Gefahr in der Zukunft und die dadurch ermöglichte Vermeidung dieser Gefahr gehören dann zu dem, was bereits festliegt.

Es gibt dann natürlich das Problem der Zeitschleife: Der Seher sieht ein Desaster in der Zukunft und warnt die Gemeinschaft davor, die sie daraufhin vermieden und daher überlebt hat. Ist durch die Warnung durch den Seher die Zukunft geändert worden? Ist dadurch eine neue Zukunft geschaffen worden?

In allen mir persönlich bekannten Fällen ist ganz schlicht das eingetreten, was vorhergesehen worden ist.

In historischen Fällen, die aus Kulturen stammen, in denen Seher und Seherinnen eine fest etablierte Einrichtung waren, werden oft detaillierte Dinge vorhergesagt, die dann auch so eintreffen und auf die sich die Menschen verlassen haben. So hat z.B. die Prophezeiung einer Seherin, über die in der Saga über Erik den Roten berichtet wird, die Wikinger in Süd-Grönland dazu bewegt, ihre Siedlung nicht aufzugeben, sondern darauf zu vertrauen, daß sie in kurzer Zeit wieder Erfolg bei der Jagd und dem Fischfang haben werden und daß die Epidemie, die gerade in ihrer Siedlung gewütet hat, bald wieder vorüber sein wird. Ohne diese Prophezeiung wären sie wahrscheinlich wieder zurück nach Island gesegelt …

Kann man, wenn man die Zukunft kennt, eine bessere Zukunft anstreben und erreichen als wenn man die Zukunft nicht kennt? Der einzige Fall, für den ich dies sicher bejahen kann, ist der Fall, daß jemand resigniert hat und aufgeben will – dann kann eine Prophezeiung dem Betreffenden den Mut geben, weiterzustreben und nicht aufzugeben und schließlich einen besseren Zustand erreichen.

Das Vorhersehen der Zukunft bringt das eigene Weltbild jedoch in vielen Fällen so durcheinander, daß der Umgang mit Prophezeiungen keine einfache Sache ist. Man kann eigentlich nur ganz pragmatisch in jeder Situation die im Augenblick sinnvoll erscheinende Entscheidung treffen.

Und was macht man mit der Möglichkeit, sich den gesamten Verlauf des restlichen eigenen Lebens einschließlich des eigenen Sterbedatums ansehen zu können? Von dieser Möglichkeit kann man eigentlich nur Gebrauch machen, wenn man bereit ist, die Perspektive der Psyche aufzugeben und die Perspektive der Seele einzunehmen – oder mit anderen Worten, die eigene Psyche ganz der eigenen Seele zu unterstellen.

Das ist sicherlich ein ganz wesentlicher Schritt auf dem eigenen Weg, wenn man erleuchtet werden will – oder wie auch immer man dieses spirituelle Ziel bezeichnen möchte. Aber es krempelt das eigene Leben und vor allem das eigene Erleben dauerhaft ziemlich gründlich um …

Man kann eigentlich nur raten, zunächst einmal die Zukunftsschau im kleinen Stil auszuprobieren und zu schauen, wie man sie selber und die Wirkungen dieses Wissens auf das eigene Leben erlebt.

Die Zukunftsschau hat allerdings auch Wirkungen, die garnicht mit dem Wissen über die Zukunft zusammenhängen. Zum einen verändert das Erlebnis, daß man die Zukunft vorhersehen kann, nachhaltig das eigene Weltbild. Zum anderen fördert das Üben der Zukunftsschau die Intuition und das Gespür für den sinnvollen Weg, der einen dorthin bringt, wo man hingelangen will.

IV   Das effektive Vorgehen bei der Zukunftsschau

Nach all diesen Betrachtungen stellt sich natürlich die Frage, wie man am sinnvollsten vorgeht, um die Zukunft zu erkennen.

1. Zunächst einmal kann man einfach die Tarot-Karten dazu befragen. Das hat den Vorteil, daß das einfach ist, und den Nachteil, daß man nur eine Qualitäts-Beschreibung als Antwort erhält, aber keine konkrete Schilderung.

2. Man kann die Tarot-Karten durch das Befragen des I Gings ergänzen, das konkretere Antworten gibt als das Tarot. Wenn man beides kombiniert, werden die Konturen meistens schon recht deutlich.

3. Die nächste mögliche Ergänzung ist die Astrologie, wenn der Zeitraum, den man sich anschauen will, bekannt ist und so eng eingegrenzt werden kann, sodaß man zumindestens den Stand der langsamen Planeten Saturn, Uranus, Neptun und Pluto für diesen Zeitraum bestimmen kann.
Daraus ergibt sich dann eine weitere Qualitäts-Angabe, die man mit den Antworten des Tarots und des I Gings kombinieren kann.
Falls sich die Zukunftsfrage auf einen einzelnen Menschen bezieht, kann man den Stand der vier langsamen Planeten auch mit dem Horoskop des Betreffenden vergleichen.

4. Die indische Astrologie macht im Vergleich zur europäischen Astrologie sehr viel konkretere Angaben, sodaß man auch durch sie einen Schritt weiterkommen kann.

5. Das einfachste Verfahren des Erlangens von direkten und konkreten Wahrnehmungen der Zukunft besteht darin, innerlich still zu werden, sich auf das ausgewählte Thema in der Zukunft auszurichten und dann zu schauen, welche Eindrücke man bekommt.

6. Wenn die Frage wichtig genug ist und man die Möglichkeit dazu hat, kann man auch mit mehreren Personen in die Zukunft schauen und anschließend die Wahrnehmungen vergleichen. Aus den Dingen, die alle vier oder zumindestens drei Personen gesehen haben, setzt man die Grundaussage zusammen, die dann durch die Dinge, die nur zwei gesehen haben, ergänzt. Die Informationen, die nur einer gesehen hat, läßt man fort, da sie Assoziationen o.ä. sein könnten.

Wenn das so gefundene Bild mit den unter Punkt 1-5 geschilderten Qualitäten übereinstimmt, kann man sich recht sicher sein, daß die Wahrnehmungen zutreffend sind. Wenn man beides kombinieren will, sollte man erst die Traumreise machen und dann die Orakel befragen, um nicht beim Schauen auf der Traumreise durch die Orakel-Antwort beeinflußt zu werden.

7. Man kann auch ausprobieren, welche Wirkung es hat, wenn man sich vor dem Schauen vorstellt, daß man einen Lebenskraft-Faden von dem eigenen Sonnengeflecht zu dem Ort und dem Zeitpunkt aussendet, über den man etwas erfahren will. Möglicherweise erleichtert das die Konzentration und macht die Wahrnehmungen klarer.

8. Man kann weiterhin eine Aufstellung mit der Zukunfts-Frage machen, also wie bei einer Familienaufstellung einen Platz auf dem Boden definieren, an dem die erwünschte Information steht, und sich dann an diesen Ort stellen und spüren, was man dort vorfindet.

9. Man kann mithilfe einer Traumreise oder einer Aufstellung Kontakt zu einem Verstorbenen aufnehmen und ihn danach fragen, was in der Zukunft geschehen wird.

10. Man kann stattdessen in einer Traumreise oder Meditation auch die eigene Seele fragen.

11. Man kann auch auf einer Traumreise o.ä. eine Gottheit um eine Antwort auf die eigene Frage bitten.

12. Man kann weiterhin nach Chesed auf dem kabbalistischen Lebensbaum reisen, oder in die Akasha-Chronik, zu dem Schicksalsbuch, d.h. in das Zentral-Archiv der kollektiven Unterbewußtseins, das in verschiedenen Weltanschauungen unter verschiedenen Namen bekannt ist.

13. Möglicherweise hilft es einem auch, die Frage an dem klassischen Zeitpunkt für solche Fragen zu stellen, also an Silvester.

14. Unter Umständen hilft es auch, vor dem Schauen in die Zukunft erst einmal innerlich ganz still zu werden – sozusagen um alle derzeitigen Bilder auf dem inneren Monitor abzuschalten und eine „weiße Projektionsfläche" für die Zukunftsschau zu haben.

Man muß natürlich aus der Zukunftsschau nun keineswegs ein komplexes Prozedere machen – der Blick in die Zukunft kann ganz einfach sein … ohne jegliche Vorbereitung einfach wie „Erinnern in die andere Richtung" …

Es ist daher sinnvoll, sich deutlich zu machen, welchem Zweck die hier dargestellten vierzehn Methoden dienen. Man kann dann, wenn man mit der Effektivität der eigenen Zukunftsschau unzufrieden ist, schauen, woran dies liegt und dann eines der aufgeführten Hilfsmittel für dieses Problem ausprobieren. Manche Hilfsmittel haben auch mehrere Wirkungen, sodaß sie mehrmals in der folgenden Liste erscheinen.

1. Vermeiden von Assoziationen, die nichts mit dem Thema zu tun haben:

    a) Vor der Zukunftsschau kurz in die Stille gehen (Tiefschlaf-Bewußtsein)

    b) Überprüfen der Motivation für die anstehende Zukunftsschau

    c) Betrachten der Gefühle, die man mit der Zukunfts-Frage verbindet

    d) Traumreise nach Chesed, zu der Akasha-Chronik o.ä.

    e) Befragen der eigenen Seele

    f) Befragen der Ahnen

    g) Befragen einer Gottheit

    h) Aussenden eines Lebenskraft-Fadens zu dem gewünschten Ort und dem gewünschten Zeitpunkt in der Zukunft

1. Erhöhung der Konzentration:

    a) Traumreise

    b) Aufstellung

    c) Zukunftsschau an Silvester

2. Herstellung der Verbindung mit der Zukunft bzw. mit dem Bereich, in dem die Zukunft leicht zugänglich ist:

    a) Traumreise nach Chesed, zu der Akasha-Chronik o.ä.

    b) Befragen der eigenen Seele

    c) Befragen der Ahnen

d) Befragen einer Gottheit

e) Aussenden eines Lebenskraft-Fadens zu dem gewünschten Ort und dem gewünschten Zeitpunkt in der Zukunft

3. Absicherung der Ergebnisse:

a) Benutzung des Tarots

b) Benutzung des I Ging

c) Benutzung der europäischen Astrologie (soweit möglich)

d) Traumreise in die Zukunft zu mehreren Personen

4. Konkretisierung der Qualitäts-Beschreibungen, die man durch die Orakel und die europäische Astrologie erlangt hat:

a) Benutzung der indischen Astrologie

b) Traumreise

c) Traumreise mit mehreren Personen

d) Aufstellung

Wie bei so gut wie allen Dingen steht man auch hier vor der Aufgabe, den eigenen Stil zu finden, ohne den man niemals so effektiv ist, wie man es sein könnte. Beim Finden dieses Stils (nicht nur in Bezug auf das Schauen der Zukunft) kann das eigene Horoskop sehr hilfreich sein.

Viel Erfolg
und ein umsichtiges Anwenden dieser Möglichkeiten!

Bücher von Harry Eilenstein

„Magie für Anfänger"

- Telepathie für Anfänger (60 S.)
- Telepathie für Fortgeschrittene (52 S.)
- Telekinese für Anfänger (52 S.)
- Lebenskraft für Anfänger (60 S.)
- Meditation für Anfänger (56 S.)
- Hypnose für Anfänger (56 S.)
- Auto-Movement für Anfänger (56 S.)
- Chakra-Magie für Anfänger (148 S.)
- Ritual-Magie für Anfänger (56 S.)
- Mandalas für Anfänger (68 S.)
- Geldzauber für Anfänger (56 S.)
- Liebeszauber für Anfänger (52 S.)
- Evokationen für Anfänger (60 S.)
- Elfen für Anfänger (56 S.)
- Magie-Forschung für Anfänger (140 S.)
- Selbsterkenntnis für Anfänger (52 S.)
- Zahlensymbolik für Anfänger (60 S.)
- Die Sprache des Mondes – für Anfänger (116 S.)
- Zaubergesänge für Anfänger (100 S.)
- Zukunftschau für Anfänger (60 S.)

Magie

- Handbuch für Zauberlehrlinge (408 S.)
- Tarot (104 S.)
- Physik und Magie (184 S.)
- Die Magie-Formel (156 S.)
- Krafttiere – Tiergöttinnen – Tiertänze (112 S.)
- Schwitzhütten (524 S.)

Meditation

- Der Lebenskraftkörper (230 S.)
- Die Chakren (100 S.)
- Das Chakren-System mit den Nebenchakren (296 S.)
- Meditation (140 S.)
- Drachenfeuer (124 S.)
- Reinkarnation (156 S.)
- einsgerichtet (140 S.)

Astrologie

- Astrologie (496 S.)
- Photo-Astrologie (428 S.)
- Die astrologischen Aspekte (88 S.)
- Horoskop und Seele (120 S.)

Kabbala

- Kursus der praktischen Kabbala (150 S.)
- Eltern der Erde (450 S.)
- Blüten des Lebensbaumes:
    - Die Struktur des kabbalistischen Lebensbaumes (370 S.)
    - Der kabbalistische Lebensbaum als Forschungshilfsmittel (580 S.)
    - Der kabbalistische Lebensbaum als spirituelle Landkarte (520 S.)

Bücher von Harry Eilenstein

Religion allgemein
- Die sieben Schritte des Lebens (428 S.)
- Muttergöttin und Schamanen (168 S.)
- Göbekli Tepe (472 S.)
- Die Göttin von Göbekli Tepe (144 S.)
- Totempfähle (440 S.)
- Christus (60 S.)
- Dakini (80 S.)
- Vajra (76 S.)

Ägypten
- Hathor und Re 1: Götter und Mythen im Alten Ägypten (432 S.)
- Hathor und Re 2: Die altägyptische Religion – Ursprünge, Kult und Magie (396 S.)
- Isis (508 S.)

Indogermanen
- Die Entwicklung der indogermanischen Religionen (700 S.)
- Wurzeln und Zweige der indogermanischen Religion (224 S.)

Germanen
- Die Götter der Germanen (87 Bände)
- Odin (300 S.)

Kelten
- Cernunnos (690 S.)
- Der Kessel von Gundestrup (220 S.)
- Der Chiemsee-Kessel (76)

Psychologie
- Über die Freude (100 S.)
- Das Geheimnis des inneren Friedens (252 S.)
- Das Beziehungsmandala (52 S.)
- Gefühle und ihre Verwandlungen (404 S.)
- einsgerichtet (140 S.)
- Liebe und Eigenständigkeit (216 S.)
- Von innerer Fülle zu äußerem Gedeihen (52 S.)

Heilung
- Die Symbolik der Krankheiten (76 S.)

Kunst
- Herz des Tanzes – Tanz des Herzens (160 S.)

Drama
- König Athelstan (104 S.)

Die Themen der 87 Bände der Reihe „Die Götter der Germanen"

1. Die Entwicklung der germanischen Religion
2. Lexikon der germanischen Religion
3. Der ursprüngliche Göttervater Tyr
4. Tyr in der Unterwelt: der Schmied Wieland
5. Tyr in der Unterwelt: der Riesenkönig   Teil 1
6. Tyr in der Unterwelt: der Riesenkönig   Teil 2
7. Tyr in der Unterwelt: der Zwergenkönig
8. Der Himmelswächter Heimdall
9. Der Sommergott Baldur
10. Der Meeresgott: Ägir, Hler und Njörd
11. Der Eibengott Ullr
12. Die Zwillingsgötter Alcis
13. Der neue Göttervater Odin   Teil 1
14. Der neue Göttervater Odin   Teil 2
15. Der Fruchtbarkeitsgott Freyr
16. Der Chaos-Gott Loki
17. Der Donnergott Thor
18. Der Priestergott Hönir
19. Die Göttersöhne
20. Die unbekannteren Götter
21. Die Göttermutter Frigg
22. Die Liebesgöttin: Freya und Menglöd
23. Die Erdgöttinnen
24. Die Korngöttin Sif
25. Die Apfel-Göttin Idun
26. Die Hügelgrab-Jenseitsgöttin Hel
27. Die Meeres-Jenseitsgöttin Ran
28. Die unbekannteren Jenseitsgöttinnen
29. Die unbekannteren Göttinnen
30. Die Nornen
31. Die Walküren
32. Die Zwerge
33. Der Urriese Ymir
34. Die Riesen
35. Die Riesinnen
36. Mythologische Wesen
37. Mythologische Priester und Priesterinnen
38. Sigurd/Siegfried
39. Helden und Göttersöhne
40. Die Symbolik der Vögel und Insekten
41. Die Symbolik der Schlangen, Drachen und Ungeheuer
42.a Die Symbolik der Herdentiere I
42.b Die Symbolik der Herdentiere II
43. Die Symbolik der Raubtiere
44. Die Symbolik der Wassertiere und sonstigen Tiere
45. Die Symbolik der Pflanzen
46. Die Symbolik der Farben
47. Die Symbolik der Zahlen
48. Die Symbolik von Sonne, Mond und Sternen
49.a Das Jenseits I – Das Hügelgrab
49.b Das Jenseits II – Der Jenseitsweg
50. Seelenvogel, Utiseta und Einweihung
51. Wiederzeugung und Wiedergeburt
52. Elemente der Kosmologie
53. Der Weltenbaum
54. Die Symbolik der Himmelsrichtungen und der Jahreszeiten
55.a Mythologische Motive I
55.b Mythologische Motive II
56. Der Tempel
57. Die Einrichtung des Tempels
58. Priesterin – Seherin – Zauberin – Hexe
59. Priester – Seher – Zauberer
60. Rituelle Kleidung und Schmuck
61. Skalden und Skaldinnen
62 Kriegerinnen und Ekstase-Krieger
63. Die Symbolik der Körperteile
64.a Magie und Ritual I
64.b Magie und Ritual II
64.c Magie und Ritual III
65. Gestaltwandlungen
66.a Magische Angriffs-Waffen
66.b Magische Verteidigungs-Waffen
67. Magische Werkzeuge und Gegenstände
68. Zaubersprüche
69. Göttermet
70. Zaubertränke
71. Träume, Omen und Orakel
72. Runen
73. Sozial-religiöse Rituale
74. Weisheiten und Sprichworte
75. Kenningar
76. Rätsel
77. Die vollständige Edda des Snorri Sturluson
78. Frühe Skaldenlieder
79.a Mythologische Sagas I
79.b Mythologische Sagas II
80. Hymnen an die germanischen Götter